李相影　张力　著

理性的胜利

改造中国军事思想的文化基因

长征出版社
CHANGZHENG PUBLISHING HOUSE

图书在版编目（CIP）数据

理性的胜利：改造中国军事思想的文化基因 / 李相影，张力著．— 北京：长征出版社，2017.4
ISBN 978-7-80204-957-4

Ⅰ．①理… Ⅱ．①李… ②张… Ⅲ．①军事思想—研究—中国 Ⅳ．① E092
中国版本图书馆 CIP 数据核字（2017）第 074443 号

书　　名：理性的胜利：改造中国军事思想的文化基因

编　　著：李相影　张　力
责任编辑：陈丹青
封面设计：墨白空间 · 张静涵
出版发行：长征出版社
社　　址：北京阜外大街 34 号　邮编：100832
邮　　购：（010）66720014　66720908
发　　行：（010）66720012　68586781

印　　刷：北京京都六环印刷厂
开　　本：1/32
字　　数：168 千字
印　　张：8.25
版　　次：2017 年 4 月第 1 版
印　　次：2017 年 4 月第 1 次印刷
定　　价：28.00 元
ISBN 978-7-80204-957-4

目　录

第二章　文化基因与中国古代军事思想

第三章 文化基因与中国近代军事思想

拼过的青春真幸福（代序）

柴永忠

相影和张力的书稿即将付梓，请我为他们写序，我欣然应允。原因有二：一是我见证了此书诞生过程，两人在写作此书过程中曾多次和我交流探讨，书中许多有创意的观点令我难忘；二是相影是军报大院成长起来的才女，她痴迷读书的习惯令我难忘。

这本书的写作缘起于相影读博时的一项课题，当时她曾带着“中国军事思想的文化基因研究”课题来请教我。听她说当时许多专家建议她放弃这个课题，因为这对于一个没有部队带兵经历，又从事政工教学的大学教员来说，实在太难。可她那种不服输的劲头上来了，一定要试一试。在撰写课题的近两年里，北京军内外大的图书馆，她几乎跑了个遍。在相影活泼倔强的外表下，是湖湘才女的睿智与灵动。她将学习思考研究有机衔接起来，将一个个拦路虎“零敲牛皮糖”“散吃豆腐块”，先后在国内核心期刊发表了 8 篇有质量的学术文章，如《“巧实力”如何影响美军建设》《略论抗大对学员的战略意识培育》等。在我主编的《军事论坛》版，她先后发表了《对构建军事联合文化的冷思考》《把握先进军事文化建设的时代特征》等多篇佳作。铁杵磨针、滴水穿石，通过这种方式，相影不断深化细化思维空间，不断分析分解课题，“抽茧剥丝”一步步抵近心中的目标。

真正的学问既挺立时代潮头，又根植于实践沃土。在撰写此书的日子里，相影带着问题更带着思考，主动深入到东南西北的一线部队调研，到北京大学、清华大学等高校听专题讲座，向军内外专家倾心求教。

天道酬勤。精进地求学、不懈地求索、顽强地求新，她终于完成了在许多人看来不可能完成的任务。

当我通读完这篇12余万字的书稿后，除了感佩二人的学术勇气外，更经受了一次中国军事思想的文化洗礼，新意新风扑面而来，锐度深度俯拾即是。

其一，该文打开了一扇透视中国军事思想的“天窗”。一直以来，中国军事思想的研究往往侧重于历史发展和现实问题分析，从文化视野切入的不多，更别说从文化基因角度对中国军事思想进行研究。中国军事思想的文化基因研究是一个崭新而宏大的交叉性课题，旧有的分析方法把中国军事思想从时间上割裂成彼此孤立的片段，几个大的时间段之间缺乏横向联系，这样就无法回答，为什么中国军事思想存在的某些问题会在不同的历史时段重复出现。制约当代中国军事思想发展的因素中，除了经济、社会、政治制度之外，还有没有更深层次的原因？从文化基因的视角展开对中国军事思想的研究，无疑为最终解决上述的疑惑洞开了一扇别开生面的“天窗”。

其二，该文阐明了对军事思想进行文化基因解析的时代价值和进步意义。文化是国家软实力的重要组成部分，也是历久弥新的重要战略力量和战略工具。文化强，则中国强；强军兴军，文化是题中要义也是内核动力。实现中华民族伟大复兴，最终必然要体现在文化的复兴与崛起上，这其中自然包含中国军事思想文化的复兴与崛起。文化基因指含有文化遗传信息的基本单位，主要包括价值观和思维方式，它属于文化的深层结构。研究中国军事思想文化基因的遗传和变异，有助于辨别那些跨越历史长时段、对中国军事思想持续发挥重大作用的本质性因素。“问题是时代的声音”。发现问题是解决问题的开始，对当代中国军事思想的发展、创新而言，文化基因研究是从深层次挖出制约与阻碍其健康发展的根本原因，从而有的放矢地主动消除或减轻这些负面影响，推动国防和军队建设能够跃上快速、健康发展轨道，从而为实现中国梦强军梦提供有力的支撑与保障。

其三，该文为探求具有中国特色的军事思想创新规律摸索了一条新路。思想力就是战斗力！思想的先进性永远比武器的先进性走得更远、飞得更高。制胜当下、决胜未来最终都取决于“脖子以上”。换句话说，思想上的代差比武器装备上的代差更加可怕，对军队的影响也更加致命。当前，我军正处在机械化尚未完成、信息化又迅急扑来的双重挑战压力下，完成具有许多新的历史特点的伟大斗争必须大力推进具有中国特色的军事变革，向改革要战斗力，向创新要发展力。

纵观人类战争史，每一场军事变革最终必然落脚于作战方式的变革才具有根本意义，而人类作战方式变革的本质是哲学的变革，在哲学变革的背后，则又是一场军事文化的大变革。作为当今这场风起云涌的军事变革的领头羊，美军很早就认识到“真正的军事变革应该更少地指向硬件，更多地培育一种由构想与战略、适应性机构、人员、条令和程序推动的文化”。未来信息化战场的联合作战归根结底是心理与意志力的较量，它最终表现为军队是否有共同的价值追求和行为判断，共同的使命责任和群体认同等，而这一切都有赖于文化的滋养与确立。细心的人会发现，虽然军事变革常常发轫于技术革命，磨砺于兵戈沙场，但最终的实现与完成，必须深深嵌入先进文化的民族内核，完成从思维、意识到精神、价值观等文化层面的脱胎换骨，才能算作是一次完整意义上的军事变革，也才能最终催生新型军队，诞生新质战斗力。从这个意义上讲，对中国军事思想进行文化基因的解剖研究，是历史的感召，是时代的呼唤，更是责任使命的要求使然。

令人欣喜的是，此书正是时代叩问的深度回应。纵览全文，贯穿其间一明一暗两条主线，明线是中国军事思想的发轫发展，暗线则是各个历史时期的价值观、思维方式等文化基因要素对军事思想形成变构的影响。通过这两条主线的梳理透析，不仅详细阐述了中国军事思想文化基因的遗传与变异对中国近代军事思想的影响，分析了中国共产党人如何对中国军事思想文化基因进行成功改造，从而推动毛泽东军事思想成为指导中国革命取得胜利的强大理论武器，论述了改革开放、世界新军事革命、“高新远边疆”战略对中国军事思想文化基因的影响，以及应对之策等，而且首次得出了中国军事思想文化基因具有遗传稳固性、民族沉淀性、时代变异性和主观改造性等鲜明特征，归纳出了中国军事思想的文化基因链，以及它随时代发生的变异情况，分析出主动改造中国军事思想文化基因的一般性规律。从文化的大视野中描绘了一幅中国军事思想演进嬗变的画卷，承前启后为创新发展具有中国特色的军事思想开出了“文化基因”的方剂。如同透过问题的 B 面，去探究剖析问题本身，从而更深刻地认知问题的 A 面。这条路因崎岖难行前人少有问津，但正因为走的人少之又少，才更有学术意义和现实价值，“奇正相宜”更有益于揭示问题的本质。

激情燃烧的青春，因勇于拼搏而风景无边；孜孜殷殷的研学之路，更因浸染了文化的甘露而风光无限。学海无涯，人虽不能保持永远青春，但却能永远保持青春的心。有了这份心，漫漫人生就选择了与快乐为伍、与幸福相伴！

（柴永忠　解放军报社理论部副主任）

摘 要

中国军事思想的文化基因研究，是一个崭新而宏大的交叉性课题。一直以来，中国军事思想的研究侧重于历史发展和现实分析，从文化角度研究的本就不多，更何况从文化基因这一深层视角的审视和研究。

旧有的分析方法把中国军事思想从时间上割裂成彼此孤立的片段，古代、近代、现代、当代，几个大的时间段之间没有横向联系，这样就无法回答——为什么中国军事思想存在的某些问题，会在不同的历史时段重复出现？制约当代中国军事思想创新发展的因素中，除了经济、社会、政治制度之外，还有没有更深层的原因？从文化基因的视角，也许能够解答上述疑惑。

文化基因是包含有文化遗传信息的基本单位，主要包括价值观和思维方式，它属于文化的深层结构。研究中国军事思想文化基因的遗传和变异，有助于辨别那些跨越长时段历史、对中国军事思想持续发挥重大影响的本质性因素。找到问题的根源，才能找到解决问题的方法。

对当代中国军事思想的发展、创新而言，文化基因研究是从深层次挖出阻碍其健康发展的根本原因，找到改造中国军事思想文化基因的成功规律，从而有的放矢地主动消除或减轻这些负面影响，推动中国国防和军队建设的快速、健康发展，为实现中华民族的伟大复兴和强军目标提供强大内力。

主要内容：第一章，通过与生物基因类比，界定出文化基因的内涵，概括文化基因演变的一般规律。第二章，归纳分析中国军事思想的文化基因对传统兵学的影响，主要包括："伦理本位主义"造成中国古代战争观偏伦理性，"经学模式"制约传统兵学创新发展，"重道轻器"的价值现导致传统兵家"重谋轻技"，"兵儒合流"使传统兵学丧失独立发展机会。

第三章，阐述中国军事思想文化基因的遗传与变异，对中国近代军事思想的影响。主要包括顽固的伦理道德观念阻碍中国近代军事思想全面发展，西方文化基因的输入加快中国近代军事变革步伐，"中体西用"文化改造模式对中国近代军事思想的双面影响。第四章，分析中国共产党人如何对中国军事思想文化基因进行成功改造，推动毛泽东军事思想成为指导中国革命取得胜利的强大理论武器。主要包括确立新型战争主体论，更新战争性质判断标准，培育"实事求是"的科学理性思维。

第五章，论述改革开放、世界新军事革命、"高新远边疆"战略对中国军事思想文化基因的影响，以及应对之策。第六章，主要是对全文内容进行规律性总结，得出的基本结论是，中国军事思想文化基因具有遗传稳固性、民族沉淀性、时代变异性和主观改造性。

Abstract

Researching on the Cultural Gene of Chinese Military Thinking is a brand new and cross-discipline subject. The previous researching efforts have always laid their emphasis on clearing Chinese military thinking's developing process and studying the realistic issues about it, while paid little attention to studying it from the perspective of culture yet, let alone from the perspective of the cultural gene. The existing analyzing methods cut Chinese military thinking into several independent time-phases; there are little transverse connection lies between those essential time-phases. By those means, it is difficult to answer the question of why there were some phenomena came out repeatedly in several time-phases. Furthermore, are there any deep-seated elements limiting the development of China's contemporary military thinking except for the elements, such as economy, society, political systems, etc? Researching it from the perspective of cultural gene can solve the doubts mentioned above.

As the deep framework of culture , the cultural gene,

consisited of Values and thinking modes, is the basic unit of cultural genetic information. To research the inheriting and mutating process can help to identify those essential elements which have dramatically influenced Chinese military thinking in different history periods. Only by finding the root of this issue, can we find its break point. For developing and innovating of China's contemporary military thinking, it is very important to find those essential elements which are restricting or hindering its healthy development, to find the mature laws of modifying the culture genes, and then, to eliminate or mitigate their negative effect.By this way, we can push forward the healthy and rapid development of China's national defense and military, and provide safety guarantee for realizing the target of "great revival" and the dream of a strong nation.

This dissertation includes five parts. The first part, through an analogy to the biologic genes, defines the implications of cultural genes, and generalizes the basic law lying in the evolution process of cultural gene. The second part summaries and analyzes the influences posed by the culture genes of Chinese military thinking to the traditional military art and science. These include the following conclusions: the ethical egoism made our concept of war lays emphasis on the moral principles; the study model of complying with the classics restricted the innovative development of traditional military art and science; the value of appreciating strategy while taking technology lightly made traditional militarists pay more attentions to the use of strategy and little attentions to the use of technologies; the integration of military art and science with confucian made traditional military art and science lose the opportunity of independent developing.

The third part elaborates the influences posed by the inheriting and mutating process of the cultural gene of Chinese military thinking to the modern China's military thinking. These include the following conclusions: the stubborn moral value hindered an overall development of modern china's military thinking; the input of the West cultural gene speeded the pace of modern china's military reform; the reform model of "traditional Chinese values aided with the western ideology" posed dual influence on the modern China's military thinking. The fourth part analyzes how the communist party of China made a successful reform on the culture gene of Chinese military thinking and made the Mao Zedong military thinking a powerful theory weapon to guide the revolution into victory. These include the following conclusions: she set a new type of subject theory about warfare; renewed the criteria for understanding the nature of war; developed a scientific way of thinking known as "seek truth from facts".

The fifth part mainly elaborates the influences posed by the opening up, the word-wide new military reform, and the "high, new and far frontier strategy" to the cultural gene of China's military thinking, and then brings up some countermeasures. The sisth part mainly summarizes some laws from this dissertation, and gets a basic conclusion that the cultural gene of chinese military thinking is hereditary and stable, it has the national characteristic, it will change with the time passing, and it can be reformed initiatively by us.

绪　言

只有把握了“是什么”“从哪来”的根本问题，结合“在哪里”的现实问题，才能看清未来“到哪去”的发展问题。唯有如此，才能找到从文化深层结构（即文化基因）入手解决问题的良策，从而实现军事硬实力与文化软实力的共赢双升。

任何国家的军队，都是在特定的文化圈中形成和发展起来的。虽然政治、经济等因素在某个时期对军队的影响更加显著，但是从更长的历史时段来看，民族的文化基因对其军队的影响更持久、更深远。

中国现代军事思想发展中，面临的一系列矛盾和问题，已经很难或不允许只从现当代的政治、经济等要素中找答案。需要我们进一步解放思想，积极探索，大胆地从文化基因这一深层根源结构入手，寻找破解难题的钥匙。

之所以选择“文化基因”，而不是其他文化要素作为研究中国军事思想的切入点，是因为在很长的历史时段中，较之其他要素，“文化基因”更具有民族性和稳定性。它对军事思想的影响更深刻，也更为持久。

中国现代军事思想中折射出的某些问题，并不是某一个时代的产物，而是历史积累与沉淀的结果。从文化基因产生来看，它带有一定的特殊性和偶然性。从文化基因发展过程来看，它又带有一定的普遍性和必然性。

从这个层面上来看，梳理中国文化基因对中国古代军事思想、中国近代军事思想的影响，不仅可以找出文化基因赋予中国军事思想的独特性，也可以在文化基因的发展、变异过程中，找出它对中国军事思想的规律性影响。

在此基础上，再通过细研毛泽东等中国共产党和人民军队的缔造者们对文化基因的利用和改造实践，以及毛泽东军事思想在理论和实践双赢的案例，总结归纳并分析出通过嫁接、融合、改造“文化基因”推动中国当代军事思想良性发展的方法。

一、关于文化基因的研究现状

“文化基因”是我们研究中的关键词，也是研究的第一个难点。21 世纪人类基因图谱解码全部完成。在生物基因研究这种突破性进展的基础上，人类文化学家开始采用与生物基因学类比的方法，从文化基因这一新角度对文化进化展开研究。

至今，对文化基因的研究不过 60 多年历史。文化基因是什么、有什么特征、传播机制是什么等基本理论问题，目前还没有一个统一且令社会大众普遍信服接受的答案。

由于文化基因不像生物基因一样，可以通过实验得出具体的组成结构，所以在很长一段时间内关于文化基因是否存在这一基本问题，学术界还存在着争议。

经反复讨论和辨析，目前，“文化进化存在着与生物进化相类似的复制因子”，已经成为学术界普遍认可的一种观点。只是在文化基因研究中，存在着一种将文化进化规律和生物进化规律进行简单类比的趋势，这是本文写作中极力避免的方法和观点。

因为生物进化规律属于自然范畴，它能够独立于人的活动之外发挥作用，而文化进化规律属于社会规律，它形成并嵌于人的实践活动中。这两种规律有各自适用的范围，不可以简单混同。

1. 国外

对于中国而言，文化基因和生物基因都是一个外来新词。

对文化基因的思考，最早来源于对“什么是文化最小单位”的疑问。1955 年美国人类学家朱利安·史徒华在《文化变迁的理论》中以“文化核心”的概念做出自己的回答，“一种文化中所包含的一组基本特征”。① 美国学者威斯勒则认为“文化特质”是文化的最小单位。还有某些学者认为“行子”或“特征丛”是文化的微观单元。

真正首次提出文化基因概念的，是美国学者克拉克洪和克罗伯。他们最初是想弄清不同文化中，是否具有像生物世界中生物基因那样的文化基因，只是他们也没有给出文化基

① 徐杰舜.《文化基因：五论中华民族从多元走向一体》，湖北民族学院学报，2008年第3期，第10页

因清晰的定义。

那么文化基因的定义，是否可以简单套用生物基因定义来解释，从而认为它具有生物基因所有的特征呢？答案显然是否定的，但是不排除两者之间的相似性。

1976 年英国学者理查德·道金斯，在其著作《自私的基因》中指出“文化的传播有一点和遗传相类似，即它能导致某种形式的进化”①，并在书中首次提出与文化基因相似的定义“meme- 迷米”，还探讨了“迷米”的一些特征。例如它可以进行不精确的自我复制，它的遗传时间甚至可以超过生物基因，“迷米”具有稳定的属性等。

随后，1998 年苏珊·布莱克摩尔在《迷米机器——文化之社会传递过程的“基因学”》一书中，丰富和发展了道金斯的“迷米”概念，认为它是“储存于大脑(或其他对象)之中、并通过模仿而被传递的、执行各种行为的指令”②，并明确提出了“迷米”的三大特征：一是具有变异性，二是具有选择性，三是具有遗传性。“迷米”的产生，既可以是旧“迷米”变异的结果，也可以是不同“迷米”结合的结果。

此后，又有不少人加入了完善“迷米”理论的研究队伍，并把它应用到更大范围的文化进化研究中。

例如丹尼尔·登奈特在《意识的阐释》、《达尔文的危险观念》中用“迷米”理论来解释心灵进化的机制。目前，“迷米”在《牛津英语词典》中已经有明确定义，主要指“An element

---

① 理查德·道金斯.《自私的基因》，北京：中信出版社，2012年9月，第214页

② [英]苏珊·布莱克摩尔.《迷米机器——文化之社会传递过程的“基因学”》，长春：吉林人民出版社，2011年1月第2版次，第25页

of a culture that may be considered to be passed on by non-genetic means, esp imitation"[①]，翻译出来的意思就是，"迷米"是文化的一种基本单位。它主要由非遗传方式，尤其是模仿的方式实现传递。

以上，是能查到的国外学者对于文化基因的相关研究成果，他们借用生物学的基因理论来研究文化进化机制，虽然用"迷米"这个新概念对文化基因进行了定义，但是"迷米"理论的应用范围，似乎局限在社会心理研究和人类学研究范畴。

关于文化基因的构成内容，中西文化基因的比较，以及对军事思想的影响等具体方面都没有展开研究。那么国内学者对于文化基因的研究进展如何呢?

2. 国内

中国学术界使用的"文化基因"，是对国外 Meme 研究翻译的结果。

有的将 Meme 直接音译为"迷米"，有的将其意译为"思想基因""知识基因""文化基因"。在意译的基础上，又反过来将"文化基因"翻译为 Culture Gene。

例如中国社会科学院研究员姜广辉的《论中国文化基因的形成——前轴心时代的史影与传统》一文，就是在这个意义上使用了文化基因。这说明，中国学术界对"文化基因"定义的解读，并没有追随国外研究的结论，而是立足于对自身文化的认识，用"中国思维"进行各种定义。目前，中国学术界使用的"文化基因"定义，存在着交叉繁杂、不统一

---

① Robert A unger. *Darw inizing culure the status of memetics as a science* [C], Oxford University Press，2000年版，第25页

的现象。它们有的侧重于生物性的意义，有的侧重于精神性的意义。

（1）二因素说

在纷乱的各种定义中，我们认为比较有代表性，以及具有科学性的是二因素说，它将文化基因界定为由两种关键因素构成。

有的将心理底层结构和思维方式，视为文化基因的有机组成。例如张岱年将文化基因界定为“那些对民族的文化和历史发展产生过深远影响的心理底层结构和思维方式或许可以称为一个民族的文化基因”[①] 刘长林在《中国系统思维：文化基因探视》中肯定了这一观点。

有的则将思维方式和价值观念视为文化基因的核心内容。例如王东认为“所谓文化基因……最重要的是结晶在一个民族语言文字系统中、升华为哲学核心理念的思维方式与价值观念”[②]。

（2）基本精神说

主要观点是将文化基因视为一种基本精神或基本风格。例如王启凡认为文化基因是“特定社会团体或国家文化的基本精神”[③]。毕文波也认为文化基因是“内在于各种文化现象中，并且具有在时间和空间上得以传承和展开能力的基本理念或基本精神，以及具有这种能力的文化表达或表现形式的

---

① 张岱年.《中国思维偏向》，北京：中国社会科学出版社，1991年5月，第206页

② 王东.《中华文明的五次辉煌与文化基因中的五大核心理念》，《河北学刊》，2003年9月，第134页

③ 王启凡.《新时期以来重要文学现象及其文化基因论》，沈阳：辽宁大学出版社，2006年，第226页

基本风格”[①]。

（3）结构说

这类观点主要是将文化基因看作是一种文化或意识结构。例如白祖诗认为“民族意识的基本构造称为民族文化基因”[②]。严春宝则认为“人类也是通过生物遗传的方式把自己的能够接受文化信息的结构遗传下去……我们把这种结构称为文化基因”[③]。

（4）其他

对文化基因定义最特别的是赵传海，他将文化基因定义为“文化传统和传统文化的统一”[④]。还有将文化基因定义为基本元素的，例如徐杰舜认为“文化基因是文化内涵组成中的一种基本元素存在于民族或族群的集体记忆之中，是民族或族群储存特定遗传信息的功能单位”[⑤]。

除了对文化基因笼统地下各种定义外，国内学术界还概括了中国文化基因的具体内容，例如吴申元认为中国传统文化遗传基因包括：“认知方式上的循例从众，情感方式上的拘谨自制，评价方式上的重义轻利，行为方式的循规蹈矩”[⑥]。

---

① 毕文波.《当代中国新文化基因若干问题思考提纲》,《南京政治学院学报》,2001年2月，第27页

② 白祖诗.《中国文明透析》，昆明：云南大学出版社，2000年，第10页

③ 严春宝.《文化全息论》，济南：山东人民出版社，1991年5月，第77页

④ 赵传海.《中国社会主义路径走向的民族文化分析》，郑州：河南大学出版社，2010年4月，第37页

⑤ 徐杰舜.《文化基因:五论中华民族从多元走向一体》,《湖北民族学院学报（哲学社会科学版）》，2008年第3期，第134页

⑥ 吴申元.《中国传统文化的遗传和变异》，长沙：湖南文艺出版社，1988年4月，第40页

毕文波认为“和而不同是中国的核心文化基因”[①]。樊浩则认为“儒家和道家是中国文化的两大基因”[②]。

有的学者还辨析了中西文化基因的不同，例如李新柳认为“中国文化的文化基因是天命观、人和观、气节观和公理观，而西方文化的文化基因是人性、神性、理性和公民性”[③]。陈红剑认为中西古代科学的文化基因区别是：“知行合一基因与爱知基因”，“天人合一基因和主客二分基因”，“彻底经验主义基因与逻辑和检验基因”[④]。鲍健强则直接将中西方文化基因区别为“科学文化基因”和“人文文化基因”[⑤]。

另外，某些学者还总结出文化基因的一些特征：遗传性、整合性、适应性、积累性、外在性、多维性、互动性、变异性、无形性[⑥]。

（5）结论

从上面的分类列举可以看出，第一，目前学术界对于文化基因是什么，没有一个统一的定义。有的观点认为是“思维方式和价值观”，有的认为是“心理底层结构”，有的认为是“国家文化基本精神”。其实概念混乱的原因，是没有

---

① 毕文波.《当代中国新文化基因若干问题思考提纲》,《南京政治学院学报》,2001年2月，第27页

② 樊浩.《文化与安身立命》，福州：福建教育出版社，2009年，第45页

③ 李新柳.《东西方文化比较导论》，北京：高等教育出版社，2005年7月，第138页

④ 陈红剑.《中西古代科学的文化基因比较》,《郑州航空工业管理学院学报》,2005年4月，第28页

⑤ 鲍健强.《从文化基因的角度解读东西方的科学传统和思维方式》,《未来与发展》，2010年第1期，第59页

⑥ 赵传海.《中国社会主义路径走向的民族文化分析》，郑州：河南大学出版社，2010年4月，第42页

建立一个判断文化基因的标准，我们认为可以借用生物基因的概念定义，将“文化基因”定义为包含有文化遗传信息的基本单位，并对其加以限定“经过足够长历史时间检验的”“稳定的”“可延续的”“产生深远影响的”，最后可以归入到文化基因的是价值观和思维方式。第二，由于国内对文化基因的定义不统一，导致对中国文化基因的具体内容和中西文化基因的区别概括不准确，甚至有些随意。第三，国内学术界对文化基因特征的总结还是比较科学的。

二、关于中国军事思想文化基因

中国军事思想的文化基因，在国内学术界尚属一个新的概念和提法，没有专门针对这一课题做研究的。根据本文前面对文化基因的定义，中国军事思想的文化基因，主要是指对中国军事思想的产生和发展有重大、持续影响的价值观和思维方式。

那么中国军事思想又分为哪些内容呢？根据新版《军语》对军事思想的定义，它主要“包括战争观、军事问题认识论和方法论、战争指导思想、国防和军队建设思想”[①]。另外按照时代特征的划分标准，中国军事思想可以分为中国古代军事思想、中国近代军事思想和中国现代军事思想。

所以，研究中国军事思想的文化基因，就是要探究在这三个历史时段里，对中国的战争观、军事问题认识论和方法

① 全军军事术语管理委员会.《中国人民解放军军语》，北京：军事科学院出版社，2011年12月，第1页

论、战争指导思想、国防和军队建设思想产生巨大、持续影响的价值观和思维方式。由于文化基因具有稳固性，在这三个历史时期里，中国军事思想文化基因会有一直重复的因子，它们跨越了时间持续发挥着影响作用，也会有因为时代转变而新出现的因子。

虽然国内学术界没有系统的关于中国军事思想文化基因的研究，但是对于三个不同历史时期，中国军事思想与文化的交叉研究还是有一些零散的研究成果。其中有些内容涉及对中国军事思想产生重大影响的价值观或思维方式，可作为研究参考。

1. 中国古代军事思想与传统文化

在中国古代军事思想这一时期，中国传统文化成熟较早，由早期多元化逐渐走向融合，总体上带有极强的农耕民族文明特点。

在这样的文化环境下，中国古代军事思想成熟相对较早，形成了许多特有的文化基因。它们在中国文化自我封闭的系统内不断地自我调节，逐渐达到和文化环境最适应的稳定状态，并对近代和现代的中国军事思想发展产生持续、重大的影响。

一般学术研究，都将中国古代军事思想这一时期称为“传统兵学”。关于传统兵学和传统文化之间关系的研究相对丰富一些。这一时期的兵学是在一个封闭的、循环发展的中华文化中，逐渐由多元化变为一元化（儒化）。尽管它逐渐发展为一个完整的传统兵学体系，但是中国军事思想，也由春秋战国时期特色鲜明的兵学，变为宋明以后守旧、难以创新的兵学。

目前，国内学术界研究传统兵学与传统文化之间关系的代表著作主要有四本，分别是姜国柱的《道家与兵家》，宫玉振、赵海军的《书剑飘逸——中国的兵家与兵学》，黄朴民的《刀剑书写的永恒》，以及张文儒的《中华兵学的魅力：中国兵学文化引论》。

他们的研究成果主要包含了两个方面：一是诸子学说对传统兵学的影响；二是诸子学说本身包含的军事思想。两者主要论述的重心还是儒家文化对传统兵学的影响，它完成了从战争观、治军观到国防观等全领域对传统兵学的层层渗透。

从高高在上的政治指导原则，逐渐变为综合的全方位的影响，传统兵学的儒家化趋势不断得到加强。其中“兵儒合流”这一典型的文化现象，揭示出传统兵学逐渐沦为儒家伦理学的附庸。

它所带来的负面影响是：儒家道德至上主义，严重制约了兵学基本原则的丰富和发展，压抑了传统兵学的创造力；儒家忽视“形而下”问题使得传统兵家重道轻器，忽视科技发展、重谋轻力（技），忽略军事实力建设……

带来的现实结果是：两千年前就存在的问题，至今仍影响着当代中国军事理论的创新发展，制约着当代军人形成与打赢未来信息化战争相适应的现代化国防意识和职业思维。

2. 中国近代军事思想与传统文化、西方文化

1840 年鸦片战争以后，中国军事思想逐渐开始由古代向近代转变。

这一过程和中国文化近代化同步，是中国古代军事思想

经过与西方近代军事思想不断碰撞，将其内容从浅层次逐渐向深层次嬗变的过程。中国在军事领域中不断迈向近代化，直至最后形成较完整的中国近代军事思想体系。

其中西方文化给中国文化结构带来的根本性变化（例如达尔文进化论的传播突破了传统儒家哲学的限制），成为推动中国近代军事思想发展的一大动力。

关于中国近代军事思想和中西文化的关系，国内学术界的研究相对较少，散见于各种近代军事思想史的论述中，不成体系。

皮明勇的《中国近代军事改革》对中国近代军事思想与各种文化的关系进行了专门的分析，侯昂好的《中国近代军事学的兴起》对这一主题进行了更加深入具体的分析。何敏、薛学的《中国近代军事思想述论》，宫玉振、赵海军的《书剑飘逸——中国的兵家和兵学》仅用了少量篇幅论述这一问题。周益峰的《挑战与回应》将研究范围缩小到中西文化对晚清海防思想的影响。

这些学者的研究成果主要侧重于两个方面。

一是将其放入中国近代军事思想史和中国近代文化史发展过程中研究。鸦片战争后，军事危机空前爆发，中国文化自身受到西方文化冲击，在文化转型的困境中，中国传统兵学是如何实现转变的。由于战争观的立足点不同（崇尚和平和崇尚暴力），也由于民族文化排他律的影响，传统兵学对西方军事思想的第一反应是排斥。

军事危机进一步加深后，传统兵学选择了一个折中的改变方案。它在坚持儒家价值观的基础上提出“中体西用”，作为近代中国军事思想转型的指导思想。随着军事危机继续加剧，传统兵学一度被彻底抛弃，被认为无任何现实指导意义，中国近代军事思想一下子又偏向了全盘西化。最后经过对中国文化传统重新给予客观的认识，传统兵学在与西方军事思想的比较中，被重新诠释，由此形成了比较科学和系统的中国近代军事思想。

二是梳理了中国近代军事思想形成发展中，面临的一些顽固性观念的阻碍，以及某些具有代表性的传统军事观念，在近代受到的冲击和取得的突破发展。例如“夷夏之辨”“义利之辨”和“重道轻器”等传统观念积习已久，长期禁锢着人们的思想，使得许多开放的、先进的中国近代军事思想不能顺利发展。

再比如由近代生物学导致的“优胜劣汰”思想，以及由近代力学发端的“科学主义”思潮对近代中国战争观的形成有着突出影响。它使得强调战争的必然性和倡导“尚武”精神得到社会广泛认同，这对于中国传统兵学“慎战”思想以及“和”文化意味着一次革命性的突破。

3. 中国现代军事思想与传统文化、西方文化

中国现代军事思想史是从20世纪20年代开始的，它经过新民主主义革命时期、社会主义革命和建设时期、改革开放以及社会主义现代化建设时期的发展，逐步形成了毛泽东军事思想、邓小平新时期军队建设思想、江泽民国防和军队建设思想、胡锦涛国防和军队建设重要论述、习近平国防和军队建设重要论述等理论成果。

关于中国现代军事思想与中西文化的研究，主要侧重于

对毛泽东军事思想与传统文化、马克思主义理论、西方资产阶级军事理论的研究。其中专门研究两者关系的著作较少，大部分都散落在研究毛泽东军事思想史的个别章节篇目中，不系统，没有得到很好地归纳分析。

第一，国内学术界有部分研究从毛泽东本身受教育经历、阅读习惯和引用文献的选择出发，分析毛泽东受传统文化影响至深，中国传统的价值观、思维方式已经沉淀到他的思想和著作中。例如陈晋的《毛泽东的文化性格》。

第二，从毛泽东军事思想的代表性作品入手，分析其具体如何继承和发扬传统兵学中诸如辩证法等思维方式，如何用民族的语言阐述军事问题，以及如何对传统兵学过时、不适宜的内容进行修改。例如刘庭华的《毛泽东军事思想史纵论》。

第三，将毛泽东军事思想放到"马克思主义中国化"的语境中研究。分析毛泽东是如何将马克思主义理论融入其军事思想，并指导中国军事革命的。其中特别指出马克思主义和中国传统文化在致思路径等方面的相似性是完成两者结合的前提条件。例如徐全兴的《毛泽东与孔夫子》，王刚的《马克思主义中国化的起源语境研究》。

第四，国外有关研究毛泽东思想的知名著作中，侧重于毛泽东思想与中国传统文化的继承关系、批判关系，没有特别指出毛泽东军事思想与传统文化的内在关联。例如斯图尔特·斯拉姆的《毛泽东的思想》。

第一章　文化基因概述

一、文化基因内涵

文化基因（Cultural Gene）是包含文化遗传信息的基本单位，是人类文化系统的遗传密码，价值观念和思维方式是其主要表现形态。巴格比说："正是观念和价值为文化间的差异提供了基础，正是这些观念和价值才足以把一种文化与另一种文化区别开来。"[①] 张岱年认为"思维方式是人类文化现象的深层本质，属于文化现象背后的、对人类文化行为起支配作用的稳定因素"[②]。基于此，我们认为价值观念和思维方式，是文化基因的具象形态，也是研究全部问题的逻辑起点。

---

① ［美］巴格比.《文化–历史的投影》，上海：上海人民出版，1988年版，第130—131页

② 张岱年，成中英等.《中国思维偏向》，北京：中国社会科学出版社，1991年5月，第2页

二、文化基因与生物基因

基因[①]的概念源于生物学，在世界文明不断发展过程中，文化基因始终伴随于人类社会领域，并与生物基因有着相关的联系。为更好地研究和理解文化基因，有必要将其与生物基因进行比较。

（一）文化基因与生物基因相同点

1. 生物基因与文化基因都属广义进化系统

从系统演进角度来看，任何一个系统只要它包含了复制、变异和选择，就构成了广义进化机制，就成为一个进化规则系统，或者可以称之为广义进化系统。

正是基于对进化系统的广义认识，同时为了从理论上更好地解释文化的独特性，道金斯提出了“迷米”的概念。他所寻求的是在文化世界里，找到一个与生物世界中的“基因”相似之物。于是他将“基因”从具体的生物学意义转化为抽象的“复制因子”概念，使原来的进化论获得了更新的、更加广泛的含义。

以前，关于“基因”进化的生物学原理，转变为关于“复制因子”进化的普遍的“第一原理”、“放之四海而皆准的达尔文主义”[②]。它不仅是“基因”进化需要服从的规律，而且也是“迷米”进化所服从的规律，有力地揭示出生物基因

---

① 基因是指含特定遗传信息的核苷酸序列，是存在于细胞内具有自体繁殖能力的遗传物质的最小功能单位。参见李鑫生、蒋宝德主编，《人类学辞典》，北京：北京华艺出版社，1999年，第91页

② 理查德·道金斯.《自私的基因》，北京：中信出版社，2012年9月，第214页

和文化基因都属于广义进化系统的原理。

中国的孔子曾说："质胜文则野，文胜质则史。文质彬彬，然后君子。"[①] 这里的"质"指的就是人的自然属性，"文"指的是人的文化属性，人的完整性体现在"文"与"质"的统一中。这也说明，生物基因与文化基因是共同进化，共同作用于人类的进化史。

2. 生物基因与文化基因都有遗传性，且在遗传过程中都存在变异

人类文化基因的遗传，是以人类生物基因的遗传为基础的。文化遗传与生物遗传的相似之处，在于它会把亲代的性状遗传给子代。亲代的情感方式、认知方式、行为方式和评价方式通过学习被复制给子代。

关于文化基因具有遗传性的特点，早在古希腊时期，哲学家柏拉图就给出了自己的观点，他认为"灵魂不死，在进入肉体之前，生活在'理念世界'，具有对理念的知识。灵魂进入肉体时，由于肉体的玷污，而使灵魂忘记了这种知识。人的学习就是借助经验的刺激对生前就有的理念知识的回忆"[②]。这种看法虽然有较大偏颇，但从一个侧面说明，正因为具有遗传性，人类文化才能呈现出连续性和稳定性。

生物基因的突变，大多是由于外部环境刺激（例如辐射、激光、病毒等）导致的。文化基因在演变过程中也会出现类

① ［日］公庄博. 刘宁.《〈论语〉七十二谭》，北京：经济日报出版社，2007年8月，第189页

② ［美］保罗·埃尔默·摩尔著，苏隆编译.《柏拉图十讲》，北京：中国言实出版社，2003年，第164页

似的突变现象，不同文化间的交流、冲突会造成本土文化基因的变异。但是多数情况下，这种文化基因的变化不管以什么形式发生，一般不易造成文化基因的失传或体系的崩溃，而是使文化基因链更加丰富、多元和成熟。

（二）文化基因与生物基因不同点

概括地讲，生物基因的遗传是物质性的，文化基因的遗传是精神性的。生物基因是存在于动植物、人类的染色体上，文化基因则是一种抽象的概念。生物基因属于自然科学研究范畴，文化基因属于社会科学研究范畴。这种不同具体辐射为以下几个方面：

1. 生物基因具有表型性，文化基因具有非表征性

生物基因的表型性是指形态、生理、行为等性状。基因的最主要功能是把遗传信息，转变为由特定氨基酸顺序构成的多肽，从而决定生物体的表型，这个过程被称为基因表达。

文化基因的非表征性，主要是指它不能被直观、简单地看到，但是可以被感受到，也能够被分析出来。直观、可见的一些社会表象，如饮食、语言、行为、文学作品、传统文艺等，属于文化的表层结构——物质文化内容范畴，它们都不是文化基因。隐藏在这些表象之中的共同的价值观、思维方式，属于文化深层结构的因素才是文化基因，它们组成了文化的核心部分。

2. 生物基因变异主要是自然选择，文化基因是自然选择和人为选择共同作用

社会文化发展史与自然发展史一样，是受广义进化系统

的规律支配的，分别表现为文化基因与生物基因的遗传和变异。在生物基因的遗传过程中，外部环境因素的变化可能会使其遗传信息的传递、表达等发生变化，其中的遗传性状被改变，生物基因由此发生变异。

但是，在自然界中，生物基因的变异是没有意识的、盲目的一种自然选择进化过程。而在社会文化发展史中，文化基因的变异既是一种自然演化过程，也是一种人为选择的过程。其中社会环境包括生产方式、社会制度、意识形态、生活方式等诸方面的变化，都可能导致文化基因发生变异，这其中生产方式的变迁，是导致文化基因变异的最根本、最主要的原因。

3. 生物基因具有个体性，文化基因具有社会性

生物基因是通过个体间的生殖活动获得的，展现生物遗传信息时不太需要社会环境的参与，所以生物基因是一种个体性基因。而文化基因遗传除了具有个体性外，还具有社会性，它表现为一种社会性遗传。

传统文化将文化基因遗传到新的一代，是通过个体社会化的过程实现的。主要是指个体适应自己所处的社会与文化，通过学习所在社会公认的价值观、思维方式和行为方式，学习相对应的知识、技能和规范，实现了个体的社会化，取得在此社会的生活资格，成为此社会的一名成员。

每个人都归属于某个社会群体，长期生活在固定文化圈里，个体在社会化过程中通过文化基因的遗传，其个性中体现出所在群体共有的一些特性，例如民族性、国民性、阶级性，都是属于社会大群体的共性。反过来，如果个体脱离了社会

化过程，其文化基因的遗传信息就不能够显现出来，例如狼孩。从这个意义上再次证明，文化基因是一种社会性基因，文化基因遗传是在个人社会化过程中实现的。

4. 文化基因比生物基因进化更复杂、更频繁

生物基因是自然选择，文化基因除了自然选择外，还有社会选择，社会制度环境等因素对文化基因进化速度有较大影响。在专制的社会制度环境中，对思想观念控制较多，文化发展模式较为单一，使得文化基因进化较慢。在民主自由的社会制度环境中，思想观念多样化，交流碰撞较多，使得文化基因进化较快。因为社会环境的变化比自然环境的变化要迅速和频繁，所以文化基因的变异比生物基因的变异发生的频率高。尤其是在社会制度变动剧烈的时代，文化基因的变异更加明显。

生物基因的遗传受到生物生命周期繁殖能力的限制，但是文化基因不受此限制，它的传播渠道更多、更宽泛，这也决定了文化基因的演化进程比生物基因快。特别是进入信息社会后，信息技术的快速发展极大地推动了人类文化基因的全球传播速度，使得人类文化基因进化进程已经大大超过了生物基因进化进程。

5. 文化基因与生物基因的遗传机制不同

虽然生物基因和文化基因都属于广义进化系统，都遵循一般的进化规律，但是它们属于不同类型的遗传基因，这两种复制因子在关于具体如何遗传的细节上是大不相同的。

生物基因的遗传复制过程是精确的，具有较高的保真度，在遗传过程中偶有变异，变异相比遗传很长的历史时期内都不

明显；文化基因的遗传复制大都不完整，它受到外部因素影响较大，变异比较明显，呈现为一个较为快速的历史进化过程。

三、文化基因的演变轨迹及规律

与生物基因类似，文化基因也有一个孕育、形成、定型与重组、改造的过程，这个历史进程中包含着诸多规律。认识和把握这些规律，对于进一步分析中国军事思想文化基因由古至今的变化，具有积极意义。

（一）文化基因的演变阶段

文化基因演变的基本轨迹可以概括描述为：最初在人类漫长的历史发展过程中，不同地理环境和气候使人类在生产实践中使用工具上发生变化，面对自然环境挑战的态度也有所不同，逐渐形成了不同类型的文化基因雏形。然后在一定条件下东西方突然几乎同时产生智慧大爆炸，东西方民族的价值观和思维方式得到巨大的创造性发展，并表现出明显不同的发展路径。这一时期是文化基因的形成和逐步定型期。

经过长时间的稳定发展，随着东西方联系愈发紧密，文化基因跳出既定文化圈，开始受到外来文明冲击。当外在刺激条件强烈到一定程度时，文化基因可能发生重组与改造，甚至推陈出新，产生出基于原来文明又迥异于传统的新文明。

1. 雏形期

在文化基因生发阶段，由于人类改造和利用自然的能力低下，在文化形态和文化精神的形成中，自然环境起决定作用。那时世界各民族是孤立发展的，所以文化基因的形成过程，是在相对独立和封闭的环境中进行的，东西方文化基因分别独立发展，逐步形成各自的特点。

这期间突出的表现形态是神话传说，中西方神话体现出它们不同的文化特质。希腊神话是神人同形，从动物神到人形神的转化中，新神否定旧神；诸神是征服自然的英雄，王位的更替是通过武力这一途径；那些具有力量的神被人们所赞颂，尽管他们的伦理道德水准可能低于凡人。希腊神话所表现出来的这种对“力”的崇拜成为西方民族的精神。而中国神话体现了在文化基因生成阶段，中国文化基因的唯伦理性、重德轻力、循环思维、缺乏自我否定的特性。

中国神话体现出中国传统思维方式是以伦理意识为本质特征的，这种伦理性思维方式具有现世性和实用性取向。中国神没有动物神到人形神的渐变过程，其演化过程表现为过早的社会化，神的历史化就是人的历史化。中国神只有一种道德属性，由于在中国神可以自然死亡，帝位可以通过禅让解决，所以在中国神系发展中根本用不到力的原则，中国神几乎都是道德楷模。神位或是帝位的继承者与前代具有同一种价值观念、思维模式和行为规范，通过对现实的不断肯定实现了历史的延续，这种循环往复的思维缺乏自我否定机制。中国神话表现出它的民族精神具有强烈的伦理倾向。

2. 形成与定型

德国哲学家雅斯贝尔斯在《历史的起源与目标》一书中，提出“轴心时代”概念。他指出，在公元前600年到公元上下的几百年间，人类几大文明先后发生了一次根本性的变革，他形容这次的根本变革是两大历史时代中的一次“深呼吸”。在“轴心时代”之前，各文明区域的人们在生活样式上具有极大相似性，彼时中西文化的共性大于差异。经历了“轴心时代”以后，中西文化开始逐渐向着完全不同的方向发展。这个“轴心时代”就是中西方文化基因形成的时期。

在这个特定的时期里，中西方都遇上了相似的动乱和挑战，各地域原有的传统遭到反思和检讨，有的被人们抛弃，有的则适应过渡时期的需要发生相应转变。关于新的社会制度应该是怎么样的，宇宙的生命起源是什么，诸如此类的问题不约而同地纳入各地哲学家的思考视野。印度的佛陀、波斯的琐罗亚斯德、中国的孔子、希腊的理性主义哲学家，通过回答这些问题，建构了古代经典的哲学、社会、宗教等体系。中西方文化基因的不同特征，正是从这些经典体系作品中形成，并逐渐得到认同、传承而定型下来，成为近代工业文明以前一直保持的特征。

中国的轴心时代是春秋战国，那时诸子百家的理论与学说虽然各不相同，但共同性还是大于差异性。这些共同之处形成了中国文化基因，其中最明显的共性就是认为“仁”是一切价值的主导。孔子通过修订《春秋》《诗经》等经典作品，把以占卜和献祭为中心的道德主义提高到内在主体性高度，开创了中国的伦理道德传统，并使它成为中华文明区别于其他文明的显著标志。

中华文明是早熟的文明，在轴心时代中国文化基因链就大体形成，此后多是不断遗传和积累的过程。但有一些在轴心时代产生的文化基因却由于种种原因，没能生存下来。例如春秋战国时期墨家、名家的形式逻辑思维随着历史推移，逐渐被人淡忘直至绝迹，没能遗传下来，使得中国传统思维方式中更多是类比推理，少有严密的演绎论证。

3. 重组与改造

文化基因一旦形成就具有遗传稳固性，它所具有的自我调整与完善功能，使它在没有外界文化和社会环境强烈的刺激下，一般不会有质的变化。外来文化的冲击，军事社会环境的刺激，会带来本民族文化基因的微调或大变化，改变的幅度需要视外来刺激的程度、文化基因改组效果的具体情况而定。

当遇到与自己文化水平差不多的外来文化冲击时，文化基因可以通过调整结构，以同化的手段将外来文化基因从它固有的文化系统中剥离出来，将其吸纳为本民族文化基因链中新的因子。例如，佛教文化这一外来文化的冲击，对中国文化产生了巨大影响。但是通过主动对中国文化基因链进行调整，佛教文化的冲击，不但没有冲毁中国文化的基本结构、基本主题，而且反过来中国文化吸收、整合了佛教的许多观念和思维方法，将它们都套上中国特有的伦理道德思想。

当遇到比自己文化水平高的外来文化冲击时，如果这种文化的冲击不伴随猛烈的军事进攻，那么本民族文化基因可能还是不会做出大的改变。例如明朝万历年间罗马教廷的耶稣传教士带来的“西学东渐”，尽管此时西方的科学、文化等已经开始优于中国文化，但由于没有军事侵略的裹挟，这种“西学东渐”还是没能使中国文化基因的核心要素、基本内容发生质的改变。

直到近代西方军事强国带着先进的资产阶级工业文明，以武力撞开中国大门之后，中国的文化基因才开始被迫做出应变，逐渐发生大的改变。一些原来根深蒂固的传统价值观、思维方式一一遭到质疑，或是被抛弃，或是经过重新组合，并入到新的文化基因链中。

如果说古代中国人是在农业文明和游牧文明的竞争中，认识中国文化基因特色的（如下图），那么近代中国人则是在农业文明和西方工业文明的冲突中，重新认识中国文化基因，并对其进行改造的。这种新文化基因组合的导向是，通过打破僵化的文化结构或组合，建立新的更能促进文化良性运动与发展的文化基因组合。

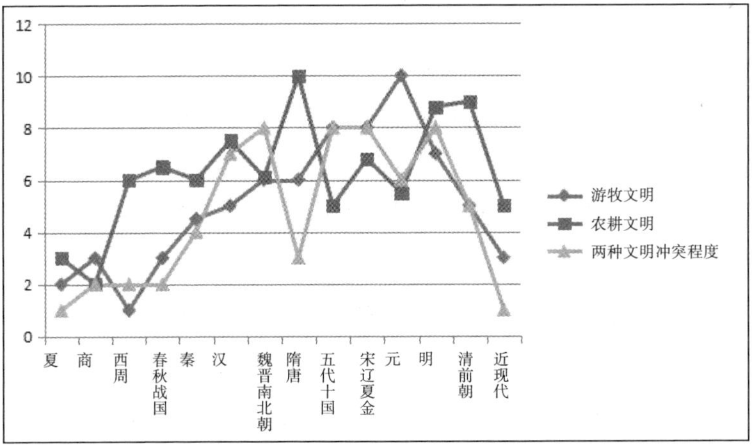

农耕文明和游牧文明

（二）文化基因演变的规律

通过分析文化基因演变轨迹可以看出，文化基因形成发展过程中遵循着若干基本规律，其中比较重要的规律有：

1. 内部（同质、同一文明圈）文化基因不断竞争并进行选择性融合，最后占主导地位的文化基因表现为显性性状，其他的表现为隐性性状

文化基因的运行准则重要的不是条件，而是组合的方式。最优秀的文化因子相组合并不必然会产生最优秀的文化，有些并不显著的文化因子经过组合却也可能产生最有活力、最合适的文化。这种规律在中国文化基因形成过程中较为突出。比如，儒家文化、道家文化、法家文化等均是不同的文化基因组合，但其中哪些文化因子能成为文化基因的显性性状，则取决于时代所需要的组合方式。

在先秦诸子中，儒、道、法等各家著作更加关注治国经世、社会伦理、内心修炼之道，注重其社会影响力。名、墨两家在当时属于例外，他们更关心一些与数学有关的论题。例如墨家的《墨经》讨论了一些形式逻辑的法则，并以此为基础，提出诸多数学概念的抽象定义。名家则对无穷概念深入研究，名家的惠施曾提出“大一”与“小一”的命题，其中“大一”主要指无限的宇宙，“小一”类似于赫拉克利特的原子。秦始皇统一中国后，结束了百家争鸣局面，焚烧了各国史书以及民间藏书。到汉武帝时，开始独尊儒术，名家、墨家著作中关于数学论证的思想，逐渐失去进一步发展的机会，它们的文化因子由显性状态转变为隐性状态。这说明，同质或同一文明圈的文化基因存在着激烈的竞争，能否占有主导地位，取决于社会发展的需要，这种人为干预性特征也是与生物基因的根本区别。

2. 外来（异质、不同文明圈）文化基因介入时，必然遇到排异反应和本土化改造

不同文化基因之间融合大概有三种反应：第一，异质文化基因与本土文化基因因子之间的排斥反应，最后某种文化因子被另一种文化因子所替代；第二，互补型反应，异质文化基因与本土文化基因因子之间互补；第三，化合型反应，异质文化基因因子和本土文化基因因子都丧失原有的独特性，出现一种新的文化基因因子。

当一种文明圈的文化基因介入另一种文明圈时，往往出现两种情况：一种是外来文化基因首先遭到本民族文化基因的强烈排异反应，然后是本民族文化基因选择性吸纳外来文化基因因子；另一种是外来文化基因始终遭到本民族文化基因的强烈排异反应，虽然有表面的少量吸收，但外来文化基因最终不会被实质性吸纳。在第一种情况下，本民族的文化基因中和新的外来文化基因相似的文化因子往往被激活，并对外来文化基因进行本土化改造。例如中国文化近代化的过程中，胡适用西方的逻辑思想重新解释《墨经》，又用《墨经》反过来解释西方逻辑，使西方逻辑易于理解。

3. 地理环境、生产方式和社会组织作为影响文化基因的三个变量，其变化决定文化基因变异的效果

在古代社会，人类最早的社会分工主要是源于地理环境的差异性，它使得各个民族选择了不同类型的物质生产方式，从而决定了文化基因生成时所具有的特性。古希腊有便利的航海条件，但是用于耕作的土壤条件就差强人意。中国处于半封闭的大陆－海岸型地理环境，这种封闭性使它早在商朝

时就成为欧亚大陆所有文明中最为与众不同的，并且这种独特性一直延续至今。

生产方式主要是指人们进行生产时所采取的组织形式，或是采用的方法和手段。它决定了整个社会的形态，因此也决定了文化基因的形成和演化。古希腊是奴隶制城邦商品经济的生产方式，它的商品经济除了建立在发达的海上运输和广泛的对外贸易之上，还建立在发达的城市手工业基础之上，独立的、私有的、自由民的小生产方式是希腊文明建立的基石。中国古代生产方式最基本的特征是，以家庭为基本单位的小农生产方式与手工业相结合。它一直占据着中国古代生产方式的主导地位。

文化形成与发展的组织基础是社会组织形态。古希腊的社会组织经历了从血缘政治变为地缘政治的过程。古希腊人生活的地理环境是海洋型，他们很早就开始进行工商业活动，在地中海沿岸建立起一系列殖民城邦。进入文明社会后，古希腊人渐渐摆脱血缘关系。以血缘关系为根基的宗法组织渐渐消失，而以财产关系和地域为基础的城邦组织取而代之。

古代中国社会，是在血缘关系得到保存的条件下发展起来的，血缘关系一直是维系社会生产和生活的纽带。各氏族内部没有发生古希腊那样鲜明的阶级分化和对立，保留了氏族内部的凝聚力和排他力，血缘关系仍起着维护各阶级、阶层社会关系的纽带作用，成为社会全体成员认同的社会管理和心理基础，同时也构成了文化形成的组织基础。

下页两表直观地反映出中西方文化在三个变量发展变化上的不同。

中华文化形态显示表

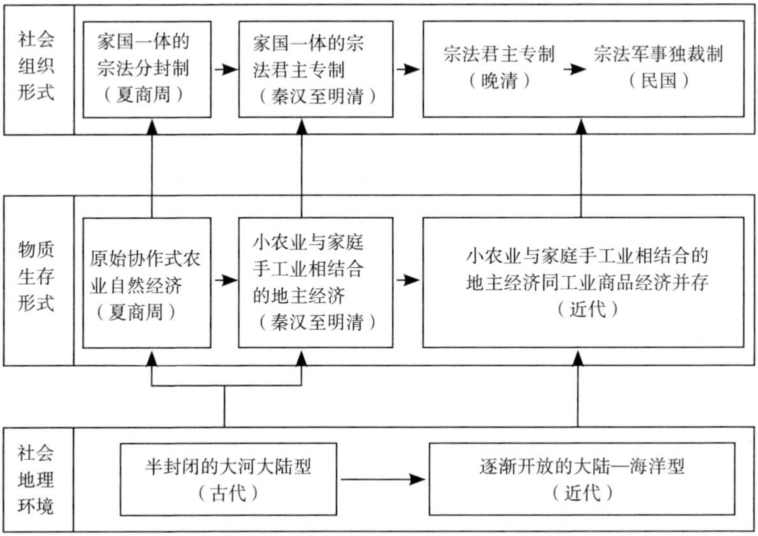

西欧文化形态显示表

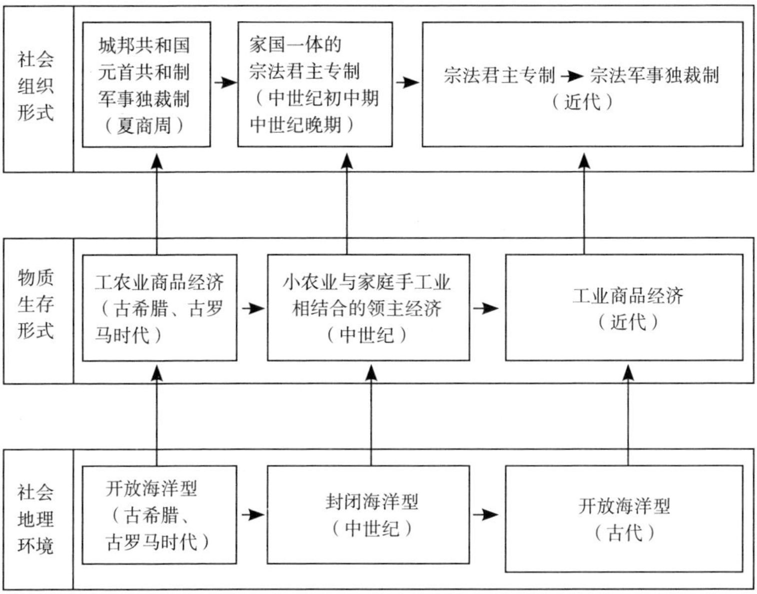

应该注意的是，后两种变量的组合变化会导致两种不同效果：一种是主动性变异，即软着陆，生产方式和社会组织随着文化基因的变异相应变化，整个过程是渐变的，没有跳跃性。另一种是被动性变异，即硬着陆，文化基因在外界刺激下被迫变异，但是生产方式和社会组织还没有相应变化，文化基因的变异是突然的，畸形突变，存在很多隐患和问题。

4. 文化基因进化选择具有多样性、速度不断加快

在同一生产力水平下，可能出现的生产关系、政治制度和社会形态是多样的。所以，每个民族作为创造历史的主体都依据自己的性格和心理特质，选择和形成不同的文化基因。正是因为这种文化基因进化的多样化规律，才得以区分不同的民族或文化群。同时，文化基因在进行选择的时候，其速度也呈现出不断加快的趋势。采集狩猎社会长达几十万年，社会文化进化缓慢，文化基因遗传只能靠肢体语言等方式。

进入农业游牧社会后，逐步发明出文字、纸张、印刷术，文化基因遗传有了稳定、可靠的载体，这才有了文化积累和文化信息库，文化进化才加快了速度。进入信息时代后，不断有新的文化基因因子出现，文化传播的载体超越传统阶级、国家等限制，文化基因进化的速度呈现出加速度趋势。

5. 文化基因演变模式不同具有不同效果

"轴心时代"东西方文化基因形成后，各自沿着不同路径一直在演变，但由于演变模式不同带来不同的效果。在西方文化基因和中国文化基因的演变历史中，存在两种截然不同的模式。一种是中国文化基因的文化同化模式，演变的结果是造成了中国文化的超稳定结构，使它具有强烈的现实精

神。另一种是西方文化基因的融合更新模式。它主要是通过不同文化之间进行相互杂交，通过相互否定，催生出某种新的文化性状。这种模式演变的结果是使得西方文化基因不断实现自我超越，从而具有了超越精神。

6. 文化基因演变随人类技术形态变化出现大转折

在 15 世纪之前，尽管东西方文化基因形成和发展的路径不同，但是两者之间基因性的冲突并不明显。从公元 15、16 世纪开始，游牧世界与农耕世界之间 3000 年的冲突和融合结束了，这是人类文明演进过程中的一个重要分水岭，它意味着一个新的时代开始出现。从那时起，文明冲突主题发生转变，开始变为新兴的西方工业文明与传统的农耕文明之间的对峙和冲突。进入新的时代后，不同文明代际之间的差别越发呈现快速扩大之势，文化基因发展的冲突性也呈现得愈发明显。（如下表）

文化基因冲突表

<table>
<tr><th>游牧文化与农耕文化第一次冲突
神话时代</th><th>游牧文化与农耕文化第二次冲突
轴心时期</th><th>游牧文化与农耕文化第三次冲突
宗教时代</th><th>工业文明与农业文明冲突
工业时代</th></tr>
<tr><td>爱琴文明</td><td>古希腊罗马文明</td><td>基督教文明</td><td rowspan="5">西方工业文明与东方传统农耕文明</td></tr>
<tr><td>两河文明</td><td>波斯帝国</td><td>伊斯兰教文明</td></tr>
<tr><td>哈拉巴文明</td><td>古代印度文明</td><td>佛教印度教文明</td></tr>
<tr><td>夏商周文明</td><td>秦汉帝国</td><td>儒家伦理文明</td></tr>
<tr><td>古埃及文明</td><td colspan="2"></td></tr>
</table>

四、中国文化基因的一般特征

不同的国家或民族有不同的文化基因，或者说具有不同的价值观念和思维方式。在与其他国家尤其西方国家的比较中，可以看出中华民族的文化基因，即价值观念和思维方式有着自身的特点。

（一）与西方不同的中国传统价值观

中西方对价值观的理解和实际使用很不相同。西方从古希腊时就开启了对价值问题的讨论，文艺复兴后又进一步提出人、知识、科学、自由、审美的价值，构成了关于价值的系统理论。反观中国，在古代中国还没有“价值”的概念，更提不上形成系统的价值观理论体系，但是中国社会却弥漫着一种强大的价值取向和价值原则。这是因为，一方面西方的价值理论只发挥价值导向作用，而中国传统的价值取向和价值原则依靠强制推行，还具有规范效果。另一方面，中国古代伦理道德规范几乎渗透了社会生活的全方位各领域，它所涵括的具体、成熟而完善的伦理道德规范，具有非常强的实际操作性。

一个民族的主导价值观，其形成总是受特定历史时期自然环境、生产方式、社会结构、文化心理背景等多种因素制约。中国传统价值观形成的影响因素包括，封闭的大陆大河型地理环境、自然经济下的小农生产方式、血缘宗法组织关系、封建专制政治制度等。它们塑造了中国以伦理道德为中心的价值原则、泛和谐的价值目标、重群体轻个体价值取向的传统价值观。在与西方价值观比较分析中可以看出，中国传统价值观具有以下特点。

1. 以伦理道德为中心的价值原则

人们常用“伦理文化”、“道德哲学”来形容中国传统文化。这是因为在中国传统价值观中，伦理道德是最高的原则，以伦理道德为价值判断标准也是中国社会生活的最高原则。它造成价值判断与事实判断、审美判断相互割裂，使得道德价值完全取代了认知与审美的价值。

这种以伦理道德为中心的价值原则产生的原因主要有四点：

第一，中国古人把人、社会和自然视作是一个统一体，相信它们遵循着同样一个法则，集中表现为“天人合一”这种观念。中国古人认为自然宇宙系统没有独立于社会、人伦之外，人伦秩序等同于天的秩序。基于此认识逻辑，伦理道德原则就成了世间一切事物的原则。

第二，血缘、宗法关系占据了中国古代社会关系的主导地位。中国的农耕经济决定人们长期耕作在固定的土地上，生活在固定的村落中，处理好复杂的家族之间的关系必须依靠伦理道德规范。为了满足这种需要，伦理道德原则慢慢变为社会关系的首要原则。

第三，古代中国的社会结构是家国一体的，家族的伦理道德规范被扩散、普及到社会的各个领域。通过延伸和强化这种伦理道德规范，又进一步巩固封建等级尊卑关系，从而实现巩固封建秩序的目的。

第四，中国古代的伦理道德规范具有法律效力，违背它就等于触犯法律，受到的惩罚甚至比法律规定的还严重。

2. 泛和谐化的价值目标

和谐一直是中国传统价值观的最高目标，它渗透于中国古代社会政治、经济、伦理道德等所有领域。这种泛和谐化的价值目标，有力地保证了中国古代社会的政治、人伦关系，有利于巩固封建政权的稳定。它具体分为天人关系和谐、人际关系和谐、社会等级秩序和谐。其中社会等级秩序和谐是泛和谐化价值目标的核心，中国古代社会的政治结构，是建立在宗法制和官僚制基础上类似金字塔的严格等级结构，只有保证等级结构秩序的有序、和谐，才能稳固封建王朝的政权。

天人和谐本来只是用来形容人与自然的关系，后来被人为使用，成为政治秩序和谐合法的理论依据。统治者为了使自己的权力更富有权威性，就借助"君权神授"，把君主说成是"奉天承运"，是天在人间的代理人，促使天人和谐观念发展成统治的工具。随着宋以后"天人合一"观念被人们普遍接受，天人和谐观念逐渐根深蒂固。人际和谐主要是要求人们对已经固定的高低贵贱等级位置认命，在自己所属的社会等级位置上安分守己，不犯上作乱，没有非分之想，这样可以为稳固中国传统的政治等级秩序提供现实基础。

3. 重群体轻个体的价值取向

西方价值观看重个体，提倡个性解放，中国价值观重群体轻个体，这是与西方价值观的一个重大区别，也是中国传统价值观的一个突出特征。中国这种价值取向的形成首先是受中国传统生产方式的影响。以小农个体经济为主的中国古代经济形式在抵御自然灾害上十分脆弱，农民个人无法应对这样的灾害侵袭，只有依靠家族群体的努力，共同协作劳动，才能增加抵御自然灾害的能力。因此，群体关系和群体的利益，比个人利益要得到更多的关注和重视。

其次，中国古代的宗法制度十分强调家族的整体意义和利益。中国古代姓名的书写顺序，是先族姓，后辈分，个人名字排在最后；西方姓名的书写顺序是：首位是个人名字，第二位是父名，第三位才是族姓。续家谱、立宗祠也是中国社会的传统习惯。

第三，中国封建专制政治制度下维持大一统，需要推行群体本位的价值观。这种价值取向，通过那些具体化的严格的礼义规范，时时刻刻制约着人们的言行。只有不断强调群体利益、王朝利益高于个人利益，使个体意志被君王的意志所取代，使个体力量消融在群体之中，完全成为群体的附庸，才能保证整个封建君主统治下社会的和谐、稳定。对封建统治者而言，个性不充分彰显的社会是易于统治的。

（二）与西方不同的中国传统思维方式

1. 古代中国与古代希腊的思维区别

古代中国与古代希腊分别代表了中西文明在思维形成期不同的路径选择，对这一特定历史时期的关注，可以从源头辨析中西思维形态的不同，为下一步分析经过时代变化后中西思维方式的不同打下基础。古代中国与古代希腊的思维区别主要表现为六个方面。

第一，古代中国经验色彩浓重。判断思维是否具有较强经验色彩，主要看思维主体从事的活动与实践的距离，如果两者的距离近，那么其思维就有较强的经验色彩；反之，则思维的经验色彩较弱。古代中国的农耕和手工业制作都和实践密切相关，古代中国的思想家直接参与现实社会实践活动，使得他们的思想与实践联系密切。

第二，古代中国思维与古希腊思维一大不同是具有合目的性。古希腊推进知识发展的动力是兴趣或好奇心。在古代中国，对推动知识起主导作用的是功利性，即是否满足解决现实问题的需要。由于这种功利性目的驱使，中国发展的主要是应用型知识体系，例如水利技术。古代中国推动科学技术发展的主要是外在动力，缺乏内在动力。

第三，古代中国思维主要聚焦于事物间的关系，而不是事物性质的研究。关于判断问题，古代中国不是沿属性方向发展，而是沿关系尤其是因果关系发展。中国逻辑中典型的判断形式是对因果关系的确定，而不是对事物性质的确定。

第四，古代中国具有独特的整体思维。古代中国特别关注现象或复杂因素，这是产生整体思维的一个前提条件，古代中国的整体思维从二元结构逐渐发展为多元结构。而古代希腊思维呈现为一元结构形式，他们的哲学和科学只关注本质研究，缺乏产生整体性思维的条件。

第五，古代中国对立和辩证思维是思维的主流形式，中国人思考问题几乎都涉及相反概念。古代希腊人也有过对立和辩证思维，但它们在古希腊没有成为主流思维形式，使用对立和辩证只是偶然行为和局部使用。

第六，古代中国思维具有自发性、连续性。古代中国思维几乎都是自发形成的，但是思维者对于思维本身甚少探索，较少自我反思，古代中国思维在发展过程中没有因为自觉反思而注入革命性因素，所以中国古代思维能够保持连续发展。而古代希腊的思维则具有自觉性、间断性和突变性特点，其思维发展过程一直伴随着反思，常常因为革命性新因素出现，导致原有思维传统被中断，从而催生出新的思维形式，其思维由此发生中断和跳跃。

古代中国与古代希腊思维比较

古代中国	古代希腊
重实践经验 重观察 （墨家与生产实践的密切关系；儒家与道德实践的密切关系，法家与政治实践的密切关系）	轻视经验 重理论 理性思维与感性思维对立
关注现象 相似性思考（类比、类推）	关注本质 纯粹思考
注重现实，功利性强，合目的性 客观事物或状况是唯一判断标准 实用特征、知识追求应用价值 外在动力	超越现实 满足好奇心或兴趣 内在动力
沿关系发展（因果关系） 沿同的方向发展——比类逻辑思维形式 沿异的方向发展——分析逻辑思维方式 辩证性思维、整体性思维、综合思维	种属性质、本质唯一 概念和推理
思维形式复杂多元 二元和多元结构	思维形式相对单一 一元结构
对立和辩证思维是主流	对立和辩证思维是非主流
中国分析沿着种类精细发展	希腊分析沿着结构准确发展
注重概念内涵的多样性和对应性 概念与现实相符，是对基本属性的把握	注重概念本质或外延的确定性 对本质属性的把握
结构完整、过程连续、自发性	结构单一、过程断裂、自觉反思

2. 中西思维方式区别

思维方式[①]是“人们以实践为基础，观念地把握一切事物的思维结构模式、程序、路线和思维定势”[②]。

从时间上划分，中国传统思维方式是指鸦片战争以前在中国社会占主导地位的思维方式，其思维方式基本走向的确定是在商周时期，成型于春秋战国时期。从生成背景看，中国传统思维方式是在封闭的大陆环境、小农自然经济为主体、宗法制度的基础上产生、积淀出来的。从整体特点来看，中国传统思维方式主要特点是整体性和伦理性，围绕这两个特点，占主流的思维方法分别是经验直观方法和类比推理方法。

中西方思维方式比较

西方思维方式	形式思维	分析思维	演绎推理	抽象思维	主客对立	创新思维
中国思维方式	整体思维	综合思维	类比推理	经验直观	天人合一	经学思维

从上表可以看出，中西方传统思维方式具有以下不同：

（1）形式思维与整体思维

原始思维是一种还未从行动中分化出来，把整体思维和形式思维融为一体的原始状态。随着人们生产技能和经验知

① 思维方式是思维形式、思维方法和思维习惯的有机结合。思维形式是指人们在思考和解决问题过程中，根据问题或事物本身的性质所采取的形式，包括形象思维、抽象思维和灵感思维等。思维方法是指人们在思维过程中所采用的分析与综合、归纳与演绎等方法。思维习惯是指人们长期以来形成的不自觉的想问题的思路框架，某种程度上也可以说是思维定势，它包括人们想问题的方向和解决问题的途径等。

② 刘慧.《论思维方式的文化构成》，东北师范大学硕士论文，2004年4月，第9页

识的积累、发展，人类的思维逐渐从原始思维向更高级的两个方向提升：一个方向是继续整体地把握世界，从原始思维提升到整体思维；另一个方向是从原始思维直接转变为依靠逻辑推理的形式思维。

中国选择了整体思维的发展方向，从整体表象发展为整体思维，从自我、人际关系出发重建世界整体，例如以天人合一的整体思维构建出人与自然、人与人、人与社会的关系。西方则选择了形式思维的发展方向，它割裂了万物一体的宇宙，将个别联系从普遍联系中抽取出来，简化为因果关系。中国的整体思维是沿着外化方向具体化、形象化，而西方的形式思维则是通过内化而抽象化、形式化。

中国传统思维方式的主要特征之一是整体思维。这种思维既将各部分关联起来认识整体，又将整体视为认识各部分的出发点。如此，整体既是其思维的出发点，又是其思维的归宿。在古代中国，社会生活各领域都遍布着整体思维。整体思维正式形成的标志是太极和阴阳五行思维取代了八卦和混沌思维。尔后，这一思维方式大体上没有什么变化。只是经过两汉经验论，佛学本体论，以及理学范畴体系，整体思维变得更加完善了。

（2）分析思维与综合思维

中西文化基因在思维上最大的差异，在于中国更倾向于综合思维，而西方更倾向于分析思维。例如中国的天人合一思想，就是以综合思维为基础的。在中国的历史文献中，整体意识、大局意识始终占据主流，例如《论语》是高度综合的典范。而在欧洲历史文献中，个体意识、局部意识占的比重大，柏拉图的《理想国》是步步深入的追问，体现了分析思维。

虽然在古希腊时期，综合性思维与分析性思维曾经并存过，但综合性思维很快就被分析性思维所取代。近代大工业和近代自然科学发展对分析思维提出强烈的需求，这使得在西方近代历史上，分析性思维占据了主导地位。

在中国历史上，综合性思维一直是中国传统思维方式的最根本特征。古代中国也存在分析性思维或逻辑性思维，例如先秦名家和墨家的思维方式就有这样的性质。但是名家和墨家的思维方式没能得到社会承认，未能成为思维方式主流，最后逐渐衰落直至绝迹。

中国传统思维方式这种重综合、轻分析的特点，与中国传统价值观中重群体、轻个体的特点互为照应。前者是一种思维模式，后者是这种思维模式在社会人际关系的价值取向上的反映。

（3）类比推理与演绎推理

西方的思维方式是从抽象概念出发，依据形式逻辑规则进行演化，具有抽象理性和确定性。中国思维方式则是从经验直观出发，表现为一种实用理性，按照类比法则运行，具有模糊性。简单来说，中国重类比推理，而西方重归纳和演绎推理。类比推理是从个别到个别的推理过程，它没有严格区分个别与一般，属于一种可能性推理。而科学推理要求必须突出个别和一般的矛盾。

中国传统思维方式发展的方向和范围都限定在类比推理上，长久如此阻滞了中国科学思维的发展。西方思维方式是建立在严格区分个别和一般之上，逐渐形成了由培根和穆勒系统化的归纳法（从个别到一般），以及由亚里士多德、布莱尼茨、笛卡尔、康德系统化的演绎法（从一般到个别）。这是西方自然科学和社会科学研究从近代走向现代的中介。

（4）抽象思维与经验直观

中国思维重经验直观，西方思维重科学实证。爱因斯坦把西方的科学思维基础归结为形式逻辑和实验。中国传统思维方式没能够发展出这两种思维方法。中西方两种思维方式是不同类型的。

虽然中国思维没有走西方思维的发展道路，但是中国将古代西方的所有发现全部做出来。这种奇特现象的主要原因是由于经验是所有认识的来源，而中国传统的类比推理能够简洁、有效地揭示出事物的相关性。只要在经验范围内的，类比型推理都比较管用，所以 17 世纪前中国传统思维领先。

例如汉唐时中国工程建筑领先，但是没有力学；天象观察中国最早最丰富，但是没有天体运行规律的科学。但随着时代的发展，人们的认识越来越超出经验范围，现代化的实现越来越离不开科学思维，这其中就包括了抽象思维能力，所以中国传统思维方式的现代转型必须要立足于基于理性的培育上。

（5）主客对立与天人合一

西方哲学将自然视为独立于主体之外的一种存在，突出人和自然的区别，其思维倾向表现为“天人对立”。在中国传统哲学中，多数时候不强调“天人对立”，而是强调“天人合一”，即人与自然的统一，它把人与自然视为统一的整体。

在先秦哲学中，以孔孟学派为代表的儒家，道家与阳阳五行家都秉持“天人合一”的观念。之后，儒、道两家在中国文化史上一直居于支配性的地位，它们所代表的这种思维方式成为中国传统的主流。先秦荀子曾提出过“天人之分”观念，但它从没有获得普遍性的社会认同，因此也没能构成一种思维传统。在此之后，“天人对立”的思维一直没有在中国得到真正充分的发展。

西方思维的“主客对立”所确立的仅仅是一个“事实”世界，即世界是“怎么样”的问题。中国传统思维方式的不同之处在于，“天人合一”观念里除了关注世界是“怎么样”的问题，还更为关注世界“应当怎样”的问题。它在内容上是“事实”和“意义”、世界观和价值论的统一。

（6）创新（批判）思维与经学思维

西方思维方式比较突出创新性和批判性，较少有思想禁锢。而中国思维往往偏向经学思维，尤其汉武帝独尊儒术之后，随着儒家经典成为权威和正统，经学思维大有愈演愈烈的趋势。

中国人的思想被这种经学思维影响长达两千年之久，甚至于它已经内化为中国人的思维特色。思想观念上一切向传统看齐，具有强烈的崇古倾向；学术上强调经学模式；这是中国经学思维的两个主要表现方面。中国古代强调尊师重道、效法先王，强调无条件遵从传统。对于前人之说不仅要固守，而且不能够加以批评，这样造成了中国传统思维方式长期难以超越经典模式。

例如，汉代经学特别注重师法、家法。家法与家法之间、师法与师法之间要各自为战，守护自家的经典、传统。思考任何问题，学者都要先考虑本家、本门经书是怎么写的，还有后继的传记注疏又是怎么写的，几乎没有自己独立思考的空间。

第二章　文化基因与中国古代军事思想

通常情况下，学术界将古代军事思想（公元前 21 世纪至 1840 年）称为“传统兵学”。这一时期的兵学是在较为封闭、内循环发展的中华文化中逐渐由多元化变为一元化（儒化）。尽管它逐渐成为一个完整的传统兵学体系，但是军事思想也由春秋战国时期特色鲜明的兵学变为宋明以后因循守旧、难以创新的兵学。文化基因对中国古代军事思想既有正面互动也有负面影响。总体看，表现为以下诸方面。

一、“兵凶战危”与“以战止战”

中国古代军事思想在形成发展过程中，逐步形成了天人合一、内圣外王的价值取向，这对中国传统战争观产生了深刻影响。

北宋张载第一次提出“天人合一”观点。他还将中国古代政治伦理的核心定为“天人合一”。此后，“天人合一”逐渐成为中国传统哲学占主导地位的思想。这种“天人合一”

思想的一个重要特点是重人伦轻自然、重道德价值轻改造自然，以“和”为万物共存的理想状态。受这种思想的影响，中国古代社会对待战争的态度是，“兵凶战危”、“慎战”。它认为战争是对“和”的破坏，是打破了社会的一种正常状态。战争的目的是为了“以战止战”，让社会重新回归到“和”的状态。中国传统兵家“不战而屈人之兵”的全胜战略，实际上也是表达了对“和”这一存在状态的肯定。

同时，内圣外王的价值取向和传统道德观起着约束战争的作用。早在春秋战国时期，中国的思想家就把战争与道德联系起来，用道德来约束战争。例如孔子主张礼治，他是历史上最早主张对战争暴力进行理性制约、用社会规范来约束战争暴力的思想家。孟子、荀子则是最早系统地思考战争与道义问题的大思想家，他们提出“仁义之师”，认为战争应该成为道义的工具。墨子的“非攻”思想用道德标准来区分战争的性质，它实质上就是一种带有尚和倾向的“非战”思想。

中国五千年的封建历史，虽然诞生的兵书很多，但是很难找到一本是赤裸裸地主张以武力兼并天下的，更不用说鼓吹穷兵黩武观点的。不过中国传统兵学的“非战”、“非攻”思想，并不是完全地否定战争而是力图消解与避免战争。由于儒家文化对兵学的强大制约与影响，“自古言兵非好战”成为中国兵学区别于西方古代军事思想的一大特色。

二、“百战百胜，非善之善者”

整体思维就是在面对某一对象时，常常不局限于对象本身，而是把对象与对象，对象与环境连在一起，探寻其运行的内在规律。这一思维方式的优点，在于能从宏观上把握研究对象的全貌，寻找贯穿于其中的基本法则，避免大的偏失。同时，可以使人们的认识水平、决策能力上升到一个更高层次。传统兵学遵循了中国传统思维方式的整体性特点，从整体上、宏观上把握战争。例如在分析构成战争的要素时，孙子提出“五事”（道、天、地、将、法）；吴子提出“四机”（事、地、气、力）；孙膑提出“三得”（天时、地利、人和）。这些都是严格遵循了中国传统整体思维的原则。

与古希腊文化的冲突对立思维不同，中国传统文化注重整体的思维。尽管它也承认矛盾的斗争性，但是矛盾的统一性却是它更为注重的。这种思维倾向对中国传统兵学也着深刻的影响。例如，《孙膑兵法》的“乐兵者亡而利胜者辱”[①]，《司马法》的“国虽大，好战必亡”[②]，它们都是批判对战争功用给予片面强调的观念。与西方古代军事思想相比，中国传统兵学在解决问题上更强调通过非军事手段，比如谋略，取得一种新的有利于己的动态平衡。孙子的全胜战略“百战百胜，非善之善者”就是对其最好的诠释。

传统兵学的整体思维还体现在强调从政治角度来认识战争，抛弃单纯的军事观点，“兵者，以武为植，以文为种；武为表，文为里”[③]。把战争放在国家整体大局中考虑，从整体上、宏观上谋划战争。另外，中国传统兵学还强调以牺牲

① 于泽民.《中国古代军事思想概论》，国防大学教材库，1998年7月，第139页
② 于泽民.《中国古代军事思想概论》，国防大学教材库，1998年7月，第128页
③ 周亨祥.《中国古代军事思想发展史》，北京：海天出版社，2013年1月，第77页

短期利益换取长远发展，以牺牲局部利益换取全局的主动。

三、“仁义之师”与“正义之战”

儒家的根本价值取向是追求和平和稳定生活。推崇仁义之师，反对穷兵黩武是儒家军事思想的核心精神。孔子认为如果战争缘于天子则是符合伦理的正义之战；反之，如果战争缘于诸侯则是有悖伦理的不义之战。他以“义”作为衡量战争是非的重要标准。汉代“独尊儒术”的思想大一统，使得儒家思想占领了代表官方的主导地位。儒家思想影响了当时社会的各个方面，包括军事思想。随着儒家思想与军事思想的交融，逐渐形成了稳固封建政权的中国古代军事思想体系。在慎战的观念下，战争观的伦理道德成为中国古代文化的重要组成因子。慎战和备战相结合，既体现了对穷兵黩武的反对，也体现了对国之安危的关照。由此不难看出，积极防御是植根于中国古代军事文化的稳定基因。兵儒合流的伦理文化基因使得儒家的战争观念成为中华民族普遍认同的共同心理，使得儒家人本精神已经深入到兵学文化的骨髓。由此强化了中国传统兵学“禁暴”、崇尚和平的价值取向和文化特质。

四、“泛和谐”的价值目标

中国文化重实用的性质使得传统兵学不固守某种文化观念，也不排斥其他的文化观念；既不会毫无原则地赞同某种文化观念，也不会把学派之争看得至高无上，在论述某一兵学见解时，能融合不同的观点，使它们达到相辅相成的作用，在兵学论著里，常常渗透有儒家的观点、道家的观点和法家的观点等。例如战国至两汉时期学术兼容是一个大趋势，这一时期兵学发展最突出的特点，它的理论构建与价值取向都受到以儒、墨、道、法为代表的自然观念和政治伦理哲学的重大影响。兵学开始脱离单纯地就军事论军事，善于将军事和政治、经济、文化等多种要素综合起来考量问题。兵学的泛政治伦理化和综合化越来越明显，也正是中国兵学文化的这种兼容性格，使得它不容易走向极端。

五、“泛伦理化”的战争观

西方战争不受伦理价值的影响，对他们而言，战争是一种生活方式，暴力是创造财富的手段。中国传统兵学注重将军事问题较大限度地从属于政治伦理学，使许多军事观点在一定程度上成为政治伦理学的具体诠释。

（一）仁者无敌

儒家军事思想始终把政治清明、民心向背视为决定战争胜负的首要条件，强调只要赢得民心，便可以无敌于天下，而争取民心的关键，在于政治。传统兵学受儒家文化影响至深，特别重视军事对政治的从属关系，表现出强烈的民本主义倾向。荀子在《议兵篇》中强调仁义之师才是最强大的军队。像荀子这样的儒家学者论兵很少强调战略战术、武器装备、军事训练的重要性，而是反复强调仁义在战争中的决定性作用。儒家之所以认为道义上的仁是战争之本，主要是因为儒家的战争观是建立在冷兵器时代对人力的绝对依赖上，在武器装备没有太大差异的情况下，人心向背等伦理道德因素成为儒家军事思想主要关注点。所以儒家在战争领域主要着力于从根本上改变双方实力对抗，而不纠缠于武器装备、战术训练等细枝末节。

但另一方面，儒家这种道德至上的倾向，严重制约了兵学的发展。当“王霸之辨”“义利之辩”超出正常学术讨论范围后，就影响传统兵学的健康发展，使“兵者诡道”在战争实践中被视为不合理的。

（二）替天行道

中国的军事哲学很早就对不同的战争加以道义区分了，推崇正义战争，反对非正义战争。《周易》中提出“师贞”，意思是兴兵打仗要符合正义原则。《左传》中说“师直为壮，曲为老”[①]，意思是军队为正义而战，就理直气壮，为不义而战，就理屈气衰。传统兵学在观念中强烈要求把战争同道义统一起来，十分看重“仁义之师”“正义之战”，注重“师出有名”“替天行道”。孟子关于战争胜负的名言“得道多助，失道寡助”，充分反映出“道”在中国古代兵学中的重要地位。

春秋时期随着民本主义思潮和现实理性精神的萌芽，人们不再依靠求神问卜来判定战争是否合理或合法，而是更加

---

① 舒驰，程汉.《一战定乾坤》，贵阳：贵州人民出版社，1992年10月，第319页

看重礼制仁道对战争的规制作用。这标志着由礼制仁道主导的军事思维开始形成，逐渐扩散到军事的各个领域。不仅制定了严格的礼制规定来规范兵役制度和军队规模，而且用伦理道德思维来衡量战争性质、战争合法性、以及对待战争的态度。宋楚泓水之战中，宋襄公恪守礼制仁道，即便冒着战败的风险，也要坚持“不鼓不成列”的原则，就是当时这种军事仁道观念的典型代表。

这一时期，尽管诸子百家对具体战争的理解存在偏差，但其共同点在于，都认为战争的目的是维护正常的社会伦理秩序，维护伦理秩序的战争才被他们称为正义的战争。所以，中国传统兵学更多的不是偏向如何取得战争胜利的术的研究，而是将是否合乎伦理道德，是否有利于维护中国传统社会的纲常伦理，作为理解战争以及定位战争价值取向的标准。在被西方列强打破国门以前，中国对战争爆发后的思考总是局限于是不是“仁义之师”等问题。不论是封建统治者内部的战争，还是农民起义战争，都要以伦理道德的价值取向作为自己赢得战争行为的合理性证明。

（三）“兵无专主，将无重权”

在中国传统战争理论中，军事长官进行军事指挥的基本依据是“亲亲”“尊尊”等纲常伦理。它使得军事管理多采用一种家族式管理方式，“岳家军”“戚家军”等称谓都反映出这种“兵归将有”的私家属性。一方面，这种家族式的治军方略不仅影响着基层的作战兵士，使他们将效忠某位将领的实际行为，与“忠君保国”的基本准则对应起来，常常丧失对战争性质的自我判断能力。另一方面，由于军队管理采用伦理道德准则，士兵对军队将领的私人忠诚，使历代统治者都害怕军事领导权过于集中，于是制定了各种“以文制武”、“兵无专主，将无重权”的治军方略，从根源上限制军队将领的兵权。如此，伦理道德准则成为影响中国古代军队战斗力的内在制约因素，造就中国传统军事的内向性和保守性观念。

（四）武亦载道

每一个民族的伦理道德观念都不会同它的生存方式产生矛盾冲突，伦理道德观的形成和发展都是适应各个民族独特生存方式的结果。战争掠夺从根本上来看，是不符合农耕生活秩序的，只有土地和安稳的生活才能给农耕民族带来财富，所以战争对农耕民族没有诱惑力。但是，从社会控制角度而言，战争又是维护农耕社会秩序的最高手段，“以战止战”的观点既使战争在伦理道德层面上获得肯定，同时又限定了战争升级的程度。所以，以小农经济为主要生产方式的中国社会，极端崇拜暴力的尚武精神不可能诞生出来。只有那些将“禁暴除乱”作为政治目的，又包含了道德伦理合理性的尚武精神才可能产生，它必须是一种有限度的尚武精神。表现在中国传统兵学上，就是它的军事实践和军事理论都带有极强的保守性和防御性。如果说古希腊民族将“力”视为尚武精神的核心，它是由一种生存危机、对物欲的渴望导致的；那么中华民族尚武精神的核心就是德，它产生的根源就在于古代中国农耕文明典型的生存方式。

著名史学家雷海宗在其著作《无兵的文化》中认为，春秋战国之后，中国就是“无兵的文化”。换句话说，春秋战国以后，中华民族崇仰暴力性质的纯粹尚武意识就消失了。纵观中华民族战争文学的发展史，随着时间的推移，纯粹尚武意识受伦理意识制约的程度越来越强烈。像《诗经》中《秦风·无衣》那种鼓舞军心、慷慨激昂，洋溢着秦人的尚武精神的战歌，在秦以后的战争文学中难得一见。秦汉以后，兵儒合流越来越成为主流趋势，传统兵学逐渐受到儒家伦理意识的严格制约。儒家不仅要求“文以载道”，而且要求武亦载道。早期中华民族尚武意识中对暴力的崇仰被道德原则所取代，以道义为核心的尚武意识成为中国文化深层结构的内容。

（五）过分关注战争“关系学”

中西方古代的军事理论、军事观念，都以一定的世界观和方法论作为其哲学基础。所以，在某种程度上，中西古代哲学的价值取向，影响了中西古代军事理论的价值取向。西方古代哲学，无论是古希腊罗马哲学，还是中世纪的经院哲学，大都侧重于以求真为其价值取向。而中国古代的大多数哲学家所追求的是一种至善、和谐的境界，文化的价值取向是求善。以求真为价值取向的西方古代哲学，作为军事理论的基础，使得西方古代军事理论偏重于思考和论述实用性技术和战术。而以求善为价值取向的中国古代哲学，则造成中国古代军事理论偏重于思考和论述战争与其他社会生活的关系，论述和调节战争中诸因素的关系。

（六）“奇技淫巧”背后的科技歧视

古代中国用“天人合一”解释自然现象和社会关系，使得对一切自然现象和社会关系的解释都具有道德化特点。它超越经验以及具体的观察和实验，只是用一些模糊的哲学范畴和道德范畴来简单地比附自然现象，并以此为根据对科学技术发明成果进行取舍。这些看起来说明了一切，但又很模糊的范畴，严重地阻碍了中国科学理论的发展，遏制了中国古代科学技术的发展，造成了中国古代科学技术发展的畸形化。这使得在中国古代，任何科学发现都必须具有道德启示作用，例如天文学就转化为占星术。任何科技发明都必须有助于道德教化的目的，否则就将会被斥为“奇技淫巧”，遭遇被弃之不用的命运。例如，清代军事技术家赵士桢在制造火器的过程中，为了研究如何冶炼出优质钢材，他将分别用木炭和煤冶炼出的钢材进行了对照分析。根据实验结果他认识到用两种不同材料冶炼出的钢材，在性能上大不相同，但是他只能用阴阳五行学说来解释这一科学发现。中国古代军事实践表明，用伦理道德作为解释军事技术的工具，用道德评价代替科学认识，用价值判断代替事实判断，军事技术就难以得到健康发展。

六、经学模式对传统兵学的束缚

所谓经学，就是以解释经典为主要治学任务，认为经典的一切内容都是正确的，以经典为判断是非的标准，以经典内容的范围作为学术固守的范围，不研究经典上没有的内容。经学模式被称为最有中国特色的思维模式。经学思维方式的形态演化，是一种自我整合过程，在这个过程中，没有创新，没有产生新事物，只是固有事物的自我完善。如果存在有限的开放性，也只是对旧有观念的不断修复和补充。另一方面，中国经学思维方式具有强大的整合功能，这使得它即使在内忧外患的夹击中也没有发生彻底的崩溃，反而因此免疫力得到增强，具有了更强大的生存能力。

（一）困于经典，难以超越

中国传统兵学发展采取了类似于经学注疏的发展方式。注释经典成为学术研究的主要任务，注疏之作成为文化的主要载体。《孙子兵法》自从诞生后就成为不可超越的经典，历代兵书对其注疏远远超过创新。据粗略统计，古代兵书对《孙子兵法》进行注疏的大约有四百部，最后都缺乏新意，甚至走向庸俗。古代军事学术成就的标志不是理论上的创新，而是赢得了对经典的解释权。它造成传统兵学忽视军事理论的现实应用效果，对经典兵书的重视不在于运用它来解决军事领域中的现实问题，而仅仅是对它进行理论阐释。中国传统兵学所采取的这种“我注六经”思维方式，导致传统兵学在很长的历史时段里只有量的变化，没有质的突破。

（二）以儒家经典去评判传统兵学

儒者以“诡诈权谋”有违仁义原则对兵家进行攻击。明代军事思想的特点是儒家思想更加突出，因为儒家经典开始成为武学生员参加科举的教科书。这就使大多数军事家在解决问题时常常以儒家思想为指导原则，明代军事的理论基础变为儒家思想与兵家思想并驾齐驱。而且更多时候，儒家思想为了让兵家思想符合它的道德伦理准则，对兵家思想加以评论，进而为我所用地改造。例如明代被当作武学生员教科书的《武经七书》，它的内容在解释时常常借助儒家思想观念来分析。由于儒家耻于言货利，他们将《孙子》中的“利”统一解释为“便利”。《孙子》的“道”也被解释的和儒家的“道”含义相同。明代除了解决军事问题时采用儒家思想，就连训练和管理官兵的过程，也是强调用儒家思想来规范和统一官兵的思想。戚继光的《练兵实纪·练将》中居于首位的就是儒家的“正心术”。

（三）传统兵学重“常”轻“变”

经学思维使中国传统思维方式偏重于对经典的继承与模仿，这一倾向在先秦后得到逐步加强，使得先秦时代尚存的独立思考和质疑精神也都逐渐丧失。传统兵学的发展受传统思维方式这种发展趋势的影响，守成大于进取。其中宋代《武经七书》的诞生，标志着传统兵学理论体系的确立，但是从此传统兵学也开始走向僵化，直到鸦片战争前只有量的变化，没有质的突破。

七、传统兵学重“谋”轻“技”

传统重“道”是指在战争思维方法上，注重权谋、注重规律、注重智慧等。早在关于黄帝与蚩尤的战争传说中，就体现出中华民族浓厚的重谋略特质。黄帝和蚩尤的交战都不是仅仅靠蛮力硬拼，而是通过兵器、地形、战法、阵形的改变来不断提升作战能力。从中国几千年的战争实践和文化传统来看，中国的军事思维传统受到这种重“道”传统影响甚深。《汉书·艺文志》将中国古代兵书划分为兵阴阳、兵权谋、兵技巧、兵形势四大类。其中，传统兵书的主流是兵权谋，表现在学术上就是重道轻器。

（一）自然技术成为一个不变量

中国军事传统在思考战争的影响因素时，习惯将自然技术看作一个不变量。它认为对于战争而言，人才是战争影响因素中的变动因素，而其中构成战争最主要的对抗因素的就是人的思维对抗。战争主要是精神与意志的较量，用精神控制和诱导才是战争的根本。所以，中国传统兵学在谋划战争时，考虑的重点是奇正、刚柔的转化。庙算和用间是孙子“知胜”理论的核心要素；全胜思想则体现了孙子战争思想的最高理念，通过“不战而屈人之兵”和“伐谋”“伐交”这些谋略才能获取战争的最大收益；依靠战场造势以“奇”用兵是孙子所推崇的战争制胜之道。西方战争史中虽然也有各种欺骗敌人的行动，但是它们在西方的军事传统中只是处于从属地位，不像中国那样谋略是战争行为的核心。

重道轻器的传统理念深深植根于中国古代封建王朝，在军事思想上集中体现在重视谋略而忽视科技。学而优则仕是中国古代提拔官员的主要途径，学则是指对经史子集的考察，而技术、军事等不在科举考试的范畴之内。春秋战国时期，在战争实践的不断推进中，军事科技为适应战场形态变化有了长足发展。墨子提出的以技术优势制胜的思想也因为重道轻器这一官方主流思想而被边缘化。鸦片战争后中国封建王朝的大门被列强们的坚船利炮轰开，面对数千年未有之强敌，“师夷长技以制夷”的军事改革艰难开始，然而正是由于千年以来重道轻器等思想的束缚，晚清军事改革归于失败，并最终导致大清王朝的覆灭。古代中国是在一个军事技术的发展相对缓慢、稳定的时代背景下，发展和延续其重“道”的战争思维传统的。所以军事技术在影响战争的各种因素中，被认为是一个恒定不变的量。

（二）重一般规律，轻具体细节

中国传统兵家注重的是作战用兵的普遍性规律，具有“舍事而言理”的特点。它认为诸如战斗队形演练、军队编制、武器装备的使用等，但凡涉及到具体操作性的东西，都是不入流的，很少经过理论梳理，编入兵书里。戚继光曾这样评价《孙子兵法》：“孙武之书，纲领精微莫加焉。第于下手详细节目，则无不及焉”。[①]《汉书·艺文志》将兵家分为权谋、形势、阴阳、技巧四类，其中兵技巧家能流传下来的著作很少。历史上，只有明朝戚继光的《纪效新书》多少弥补了传统兵学的这种缺憾。另外，中国军事历史上还有一种文人论兵的传统，从春秋战国时期开始就有大量的诸子论兵，这种现象

① （明）戚继光.《纪效新书》，北京：中华书局，2001年，第6页

随着兵儒合流得到延续。由于不是职业军人出身，这些文人投身军事领域时，更多关注的是战争的战略层次问题，对具体的作战细节等问题没有实践经验，既不便去论述，也不过于关注。他们更多时候是把军事作为其“治国平天下”的工具，所以很少会就军事问题论军事。在中国的史书里，可以明显看出文人论兵的这一特点，它们对于战争的具体作战过程用笔很少，而对战争中的斗智、用谋则费力刻画，不惜笔墨。

（三）阻碍军事领域采用新技术

传统的重“道”思维使得中国古代的军事家不怎么重视军事科技。根据《中国兵书知见录》提供的资料，从先秦至今，中国共有存世兵书2308部，但其中论述兵器的只有《火龙经》《火攻挈要》《火龙神器阵法》《武经总要》等为数不多的几部，还不到总数的1%。这从一个侧面反映了传统军事观念和思维中对军事科技的漠视。虽然儒家文化是中国传统文化的主体，但是儒家文化不太重视自然科学，而是偏重于人生哲学的研究。兵儒合流之后，儒家的这种思维偏向深刻影响了传统兵家的思维。科举制度作为儒家制度化的核心内容，它选出来的是那些认同儒家伦理道德观念的士大夫，而不是专业的技术或管理人员。这些人身处军事管理层，在每次的军事改革中都会以儒家的重“道”思维，反对或阻碍军事领域新技术的运用。

（四）注重结果，忽略过程

重“道”反映在思维方面就是强调整体思维，其主要特征是忽略思维的方法和过程，但是特别注重思维的结果。顿悟就是这种思维发展到极致的表现。顿悟思维最大特点是它的分析过程是非逻辑的，尽管它也包含着具体分析。传统兵学的最高层次，孙子概括为战道，孙膑概括为道，但是具体如何到达这一境界，他们都没有给出具体有效的方法，只能靠军事指挥员在实践中亲身感悟。中国古代军事上存在更多的是依靠言传身教的“术”，而不是具备广泛传播基础的“学”。从这个意义上说，中国没有那种可以将经验转为知识的科学主义传统。在中国传统军事发展史上，虽然也有通过改进个别武器装备、研究各种战略战术，来影响战争胜负的例子，但是这些个例很少能够真正影响战争发展的趋势，许多研究成果可能只是在某个历史时期昙花一现，难以作为一种军事传统永久流传下来。

八、“天下观”对中国传统国防之影响

国防的概念是在现代国家出现后才有的，这里所说的国防特指中国古代对国家安全防卫的理性认识。中国古代总体上的农耕文明和自给自足的自然经济模式，以及统治者自身的思想观念缺陷，导致古代中国逐步形成了特殊的以中华古国为核心的“天下观”。这种“天下观”对中国古代的国防产生了较为深刻的影响。

（一）“无敌国外患”的国防观念

华夷秩序，是以内夏外夷为核心理念，以朝贡制度为机制的“无邻邦帝国”的“天下”秩序。在这一秩序之中，以

文明发展程度的高低为分野，中国在与其他外部政治实体——被中国称为“夷”的交往中完成了“中国”形象的自我确认。中国古代国防的理念、制度、战略方针等各个方面，正是在以华夷秩序为中心的普世帝国形态的基础之上构建起来的。这种“无邻邦帝国”的“天下”秩序，从根本上塑造了“无敌国外患”的中国古代国防观念。中国古代国防主要是以“边防”为基本内容，但是所谓的“边”，并不具备现代意义上的国与国之间的边界概念。它所反映的只是一个文化概念，即以中原政权为中心的统治边缘，它是“治”与“不治”的模糊分界线。中国古代国防这种文化的国际秩序观，不利于传统国家安全的建立。中国的国际秩序观是以文明程度高低作为衡量的标准。在同一文明圈内，它激发了中国对待邻国习惯于保持一种和平共处、兼容并蓄的观念。但是遇到近代西方文明体系冲击时，却使中国难以摆脱文化本位的极大优越感。近代中国突然遭遇西方资本主义国家的军事侵略，很长一段时间内，无法从对等角度来把握与西方国家之间的关系。

（二）大陆型内向性的国防观念

华夷秩序本质上所反映的是一种政治文化理念，它造就了中国古代国防的内向性。中国古代国防的内向性，是指在国防形态上它是一种大陆型国防，在国防价值取向上是重内部功能轻外部功能。中国古代国防的理念是在农业文明和游牧文明对峙的历史主题下展开的，在这一历史长时段中原王朝与游牧民族之间的对抗融合作为时代主题，决定了中国古代国防的整体构造，使中国古代国防突出地表现为一种大陆型、内向性国防的总体特征。古代长城的边界线就是农业文明和游牧文明的分界线。其中表现得尤为明显的就是明长城的走向设置，它几乎与将东亚大陆农耕区和游牧区划分开的那条四百毫米等降水线重合。这种巧合也说明，古代中国农耕民族用长城这种固定防御的方式来保护中原的农业经济和农业文明。

（三）士大夫与武士道

华夷思想的承载者具有多元性特征，不同的承载者形成了不同的关于国家威胁、国家安全的理念。中国与日本是较为典型的例子。

中国历代封建统治者将华夷秩序观作为其观察世界的角度，以及其构筑国家安全的思维出发点。在这种世界观的影响下，形成了中国古代国防的和平主义取向特征。中国华夷思想的承载者主要是文人士大夫，中国传统的重文轻武、以和为贵思想对他们影响至深，这些士大夫在制定历朝历代的国防政策时，对夷狄采取的几乎都是去者不追的消极军事应对方式。

虽然日本受中国文化影响巨大，但是日本的华夷思想却与中国不尽相同。日本华夷思想的承载者主要是武士，他们在制定国防政策时，主张积极主动应对夷狄。自从日本进入武士道时代后，其思想文化的主要承载者转变为武士阶层。整个日本也开始转变为一个崇尚武力、重视兵学的社会，武士道成为其国民性的一部分。与中国的文治官僚不同，日本武士的思维方式和行为模式具有明显的军事性特点，这使得他们时刻处于对峙、敌对意识中。日本武士将夷狄看做强大的敌人，从而产生强烈危机感。为了战胜敌人，破除了以往的落后思想观念，迅速开始了解和学习敌人的武器技术。日本在制定国防政策时，它的军事性思维会优于文化意识方面的考虑。

九、“兵儒合流”使得兵学丧失独立空间

儒学是政治伦理学说，兵学是克敌制胜理论。儒家对军事问题的探讨，在价值取向和思维方式上，与其理论主体的政治伦理学说是相同的，儒家的军事观念就是它的伦理政治学说在军事领域的投射。儒家重义轻利的价值观决定它在军事上秉持道德主义的战争观。而兵家战争观是功利主义原则，是“合于利而动，不合于利而止”[①]，并且注重实践操作。在中国古代历史发展进程中，兵儒合流的渐进发展过程，对古代军事思想产生了较大影响。

（一）仁诈、义利与德力的分歧

先秦时兵家与儒家对于战争的认识并不一致，集中反映在对仁诈、义利与德力的争论上。兵家认为诡诈战术是克敌制胜的具体手段，而儒家则认为仁义是战争取胜的首要因素。随着两者相互交流越来越多，它们在某些方面逐渐达到趋同，对战争的观点不再是绝对对立状态，追求诡道和利益，和追求儒家的义战并行不悖。兵书兵家将儒家的义战合理改造纳

---

① （春秋）孙武.《孙子兵书》，北京：燕山出版社，2008年7月，第227页

入自己的理论体系，并开始偏重于研究军事与政治、治军与治国的关系。

两汉到隋唐期间，儒学初步整合兵学，刘秀把义战和诡道相结合，实现以儒统兵。两宋儒学又通过制度权威完成对兵学整合，推动儒兵家群体出现。明清时期儒学对兵学的影响进一步从战争观逐渐扩展到治军观、作战指导等各个层面。但是封建中央集权统治在理学兴起后，对思想文化的专制控制变本加厉，以儒学为中心的中国传统文化变得愈发僵化。宋儒强调兵儒异质、崇儒抑兵的基本倾向将兵学摒弃于社会主流意识形态之外，不但贬损了兵学的地位，恶化了兵学的生存环境，而且导致对传统兵学核心价值的否定。仁诈、义利与德力的重新争辩，带给兵儒合流诸多负面影响。值得注意的是，兵儒合流的主流并不是用儒家“仁义”批判兵家“诡诈”。但是这种现象之所以会发生，就说明儒家的伦理道德主义已经严重影响了传统兵学的健康发展。在儒学主导下，传统兵学的畸形发展，成为导致中国近代军事落后的重要原因之一。

（二）儒家伦理对兵学的价值整合

汉唐以后儒学体系对先秦兵书进行整理和删减，兵学理论逐步出现儒家化。汉唐时儒士常常是集儒学与兵学于一身，例如张良、班固兼容百家之长，将兵学和儒学糅合，分为权谋、形势、阴阳、技巧四大类。宋代兵儒合流达到高峰，儒家实现了对兵学的统领功效。这使得兵学发展初期的开放性有所减弱，道家、墨家等文化对兵学的影响逐渐降低。宋代编撰的《太平御览》中体现的兵学精神与内容，与隋唐时的相比，已经发生改变。它强调“以仁兴师”“兵以义动”，虽然也编入了兵家的谋略和诡诈之术，但是又从儒家的道德层面对它们给予批评。到了《武经总要》时期，它干脆直接将兵学理论归结为儒家的仁义道德和兵家的权谋智慧两大方面，并且指出儒家的仁义道德是主导地位。直到《武经七书》问世，确立了以儒为本、以兵为用的基本原则，这是儒家伦理精神对兵学价值整合的一个重要标志。

（三）兵学丧失发展的稳定性

随着社会发展，兵学作为独立体系的情况发生了变化。这种变化的原因十分复杂，概括讲主要有三个方面：一是兵学的存在与发展开始与政治的变化紧密关联，政治动荡时兵学发展快，政治稳定时兵学遭限制；二是兵学自身的工具理性和功利精神遭到遏制，逐渐依附于儒学的伦理价值取向，尊王攘夷的战争价值观开始契合于忠君保民的伦理价值观；三是儒学与兵学形成主从、体用关系，成为近代中体西用理论的根源，影响和迟滞了传统兵学的近代化进程。

十、逻辑思维缺陷导致兵学与科学游离

中国古代逻辑的产生源于思想家对社会治乱的关怀。孔子曾发起的正名运动，主要是聚焦社会治乱，提出自己的治国安民之术。西方古代逻辑的产生则是源于对知识的追求，而且追求知识、探索自然始终处于其思维的核心地位。在西方人那里，逻辑既是知识的一部分，也是获得知识、论证知

识的有效工具。中国古代逻辑思维缺少西方这种求真性，使其在发展中存在一定程度的局限性，造成了传统兵学与科学相脱离。这主要反映为三个方面。

（一）作为政治伦理的论证工具

中国古代文化最关注的是政治与伦理，它不似古希腊文化那样，其本质追求为获取知识、探索世界。而政治、伦理更多依赖于主体的需求，较少依赖严密的方法。它也更加偏重整体思考和直觉体悟，对于分析和论证较为漠视。这是因为政治、伦理涉及的不是事实认知，而是价值判断。受传统文化的影响，中国古代逻辑与政治伦理思想紧密结合，其价值体现在经世致用中，这使得逻辑在中国古代始终没有获得独立和完善的发展，难以发展成为纯逻辑科学。中国古代形式逻辑不发展，有一个重要原因，就是古代人们受圣人观念和封建主义制度束缚较严重，逻辑方法必须服从于政治伦理。如果从经验中得出相反的结论，那么首先要被检讨的是论证方法。由于古代思想家始终把政治逻辑放在首位，所以思维的形式逻辑问题很少被独立地提出来讨论。公孙龙曾因为就逻辑讲逻辑招致攻击，不被社会主流认可。西方古代逻辑作为知识工具则得到独立发展，即便在中世纪神学统治下，仍然得到独立发展空间。

（二）非公理化、非形式化

西方逻辑着眼于思维形式和思维内容的分离，注重思维在形式上的有效性，注重进行严密逻辑论证和理论体系的完善，其逻辑走上了不断符号化、公理化、形式化的发展道路。中国古代逻辑没有完全区分开思维内容和思维形式，不重视逻辑论证，还是重视逻辑思维的整体，借助格言、寓言形式进行理论构建，使得中国古代逻辑走上了非形式化、非公理化的发展道路。重内容轻形式是中国逻辑不同于西方形式逻辑的一个根本特征。中国古代逻辑只出现过《墨经》中“推类”的逻辑形式，而没有产生亚里士多德的三段论形式。“推类”特别重视事物间的类同关系，但是它缺乏系统说明推论规则，以及规范抽象推论。它不是着力于逻辑结构的分析，而是侧重描述性的说明，以及实质内容的考虑。

（三）先秦之后的衰落

崇古是古代中国文化的基本价值取向，传统思维方式严重偏向于对传统的继承和模仿。在逻辑学领域，古代中国始终遵循先秦逻辑确立的方向，以及逻辑推理的基本原则，很少出现创新。中国古代逻辑发展曲折，先秦的《墨辩》已经研究了推类，但是墨家逻辑始终未能脱开墨家学派“取当求胜”和“审治乱之纪”的现实需要，也不具有严格有效和普遍适用的科学证明方法。所以，汉代废黜百家独尊儒术后，墨家的逻辑学说及名家的分析思想均走向了衰落，从此中国古代逻辑没有再获得重大发展。除了逻辑本身在中国缺少延续和壮大的动力，就是外来的印度因明[①]逻辑和西方演绎逻辑对中国也没有足够的吸引力。

---

① 因明，指古印度的逻辑学。因，指推理的根据、理由、原因。明，指显明、知识、学问。

第三章 文化基因与中国近代军事思想

从1840年鸦片战争到1949年中华人民共和国成立之前，整个中国社会历史发生了翻天覆地的变化，中国近代军事思想也随之出现了大的变革。虽然毛泽东军事思想的部分内容产生于这个时间段，但从文化基因改变的角度来看，毛泽东军事思想不仅更为重要，而且有着明显不一样的特征，所以毛泽东军事思想内容不在这一部分论述，而是单辟一个章节细说。

中国近代军事思想的发展是和中国社会的大变革同步的，这决定了它不可能像西方近代军事思想的发展那样，以生产力的提升和经济的高度发展为契机，在战争实践的推动下得以不断发展和更新。这种被迫性、外发性造成中国近代军事思想发展的不协调，它在中国近代化的道路上一马当先，却由于文化近代化的不彻底导致前进的动力不足，乃至停滞。正如费正清所说，“中国近代史从根本上说，是一场最广义的文化冲突，是扩张的、进行国际贸易和战争的西方同坚持农业经济和官僚政治的中国文明之间的文化对抗”①。在这场文化的对抗中，中国既有的文化基因与西方外来的文化基因对中国近代军事思想的形成和发展都造成了不同程度的影响。

一、“顽固”的道德观念阻碍军事思想发展

伦理道德观念是一种关于是非、对错的评价标准，常常以善或恶为基本结论。它可以通过社会舆论、信念和传统习惯等方式方法实现对人们行为规范的调整。当中国古代军事思想向中国近代军事思想“跳跃式”地迅速演进时，在军事思想的表层上结构，甚至在其深层领域，都强烈地表现出中国传统伦理道德的一种顽固性。

（一）“忠君报国”的必修课

从鸦片战争到甲午战争的50年多年，尽管内外战争频繁，可是“忠君报国”“成仁取义”等封建道德观念在中国的变化很小，它们还是各类军人追求的职业标准和精神境界。在这一点上，洋务派和顽固派没有多大区别。以顽固派为代表的大批封建官绅崇尚道德治国、道德治军；而主张“师夷长技”的魏源在具体如何学习英国的“养兵练兵之法”时，也不过是回到中国传统武库之中。诸如曾国藩、李鸿章这样的洋务派代表，他们依旧重视道德的重要作用，主张以道德治理国家，希望用道德来化育天下。从根本上来看，他们的军事文化观

① 费正清.《剑桥中国晚清史》卷上，北京：中国社会科学出版社，1985年版，第251—252页

念只不过是在延续传统。曾国藩、李鸿章创建的湘军、淮军虽然开启了近代化的大门，但始终把忠义之道视为行动的最高准则。曾国藩主张军人树立的不是近代精神，而是传统精神，是“忠义血性”，是对朝廷的愚忠，还停留在理学层面。到了民国时期，袁世凯、蒋介石一类人还津津乐道“以礼教精神为体，以物质文明为用”。国民党军队还在提倡尊孔读经，将军人修养的完善建立在道必师古的途径上。

（二）道德礼义与坚船利炮

直到甲午战争前，道德礼义仍然被大部分封建士大夫坚信是中国最大的优势，认为西方的船坚炮利也无法战胜它。所以当时许多朝廷大臣盲目反对学习西方军事，拒绝承认西方强大而中国弱小的现实。他们不仅排斥西方的军事文化观念，而且拒绝引进西方的近代军事技术。他们以为将中国完全封闭起来，问题就可以迎刃而解。在这种舆论环境中，有志于推动军事变革的洋务派面对旧势力和传统的巨大阻力，显得力量十分薄弱。甲午战争前，洋务派的军事自强运动因为缺乏有力的社会基础，难以有效推进。这一切都使得中国的近代军事变革难以迅速、全面地展开。

（三）从“兵儒合流”到“儒体兵用”

兵儒合流是中国传统兵学的一个基本发展趋势，它使传统兵学逐渐形成“儒体兵用”的体系，也就是以儒家的战争观为体，兵家的作战理论为用。只不过在宋代之前，儒学与兵学的这种结合还是很初步的。到了明清时期，这一体系获得了两次大的完善。一次是以戚继光为代表的明代兵家，将儒家的理念引入建军、治军的层面，使兵学与儒学的结合程度进一步加深。最后一次的完善，就是以曾、胡为代表的湘军将帅，以理学家的身份，将理学视为其兵学的出发点与归宿点，对中国传统兵学从范畴到体系都进行了全新的诠释，从而提出了大量极富理学意蕴的命题，如“为将之道，以良心血性为前提”，“带兵之道，用恩莫如用仁，用威莫如用礼”①等。由此，兵、儒的结合达到了极致，从战争观到建军、治军、作战，儒学对兵学的渗透几乎涉及所有的领域。

与此同时，这也意味着在近代军事思想发展中，儒家伦理价值观的控制作用日益加强。儒家教育是作为不准批判和实证的“权威之学”而高高在上统治着，它阻碍以经验为唯一根据的科学思想自由发展。从近代军事教育内容上看，中国近代军事学在走向世界的同时，将中国传统的儒家道德和西方的军事技术相融和，对利于自己统治的价值取向教育是非常重视的。近代军校主要是传播西方陆海军的军事技术与理论，但同时还保留了儒学四书五经。与西方军校相比，中国军校更为注重道德的培育，西方军校却更看重军事专业能力。

（四）“重文轻武”与军人地位

两千多年来，中华民族精神由崇文尚武转化为文武分离，其标志就是在“力”与“德”之间，“征服”与“教化”之间，“知识”与“伦理”之间的斗争中，后者在古代中国逐渐占了上风，

① 宫玉振，赵海军.《书剑飘逸——中国的兵家和兵学》，北京：解放军出版社，1999年1月，第39页

而前者终于沦落了下来。到了近代，救亡图存成为第一需要，尚武精神重新张扬，中国社会也并非一帆风顺地从对“德”的推崇转化为对“力”的重视，而是持续与“重文轻武”的顽固传统进行着艰难的斗争，体现出明显的曲折性。朝廷重臣们“坚持和平，反对战争”的道德理性甚至慢慢发展成为倾向妥协、惧怕战争的心态，这些都说明扭转传统“重文轻武”的心理定势十分艰难。

洋务运动着力于军事装备和军事技术的革新，重文轻武的传统还未出现根本改观。甲午战争前的近半个世纪里，尽管中国军队有过一些调整，出现了操持西方枪械的湘军、淮军，创建了北洋海军，但是没有从根本上提升军人的社会地位。中国社会仍然存在鄙视军人职业的心理，没有彻底改变传统重文轻武的观念。即便像李鸿章这样有志于提高军事科学技术在军队建设中位置的改革派，在思想上也还是不重视提高军人在整个社会的地位，无意改变重文轻武的传统军事文化观念，不主张彻底改革旧的文武官选拔制度。如此，造成晚清军队的基础文化素质得不到提高，军人的科学技术水平也得不到提高，使得中国近代军事变革缺乏一种全社会的积极的进取精神。

二、“天下观”崩溃成为军事变革的思想准备

中国近代社会的转型是在旧秩序向新秩序的转变中进行的，即从传统的以中国为中心的华夷秩序（东亚朝贡体系）向西方列强主导的民族国家体系转变。秩序的转移，不仅代

表着新旧权力的转换，更为重要的是旧秩序所培养孕育的世界观也注定要随之发生翻天覆地的变化。

（一）瓦解过程滞后于军事溃败

近代以前，中国文化从未真正受到严峻的挑战。虽然在中国历史上，游牧民族多次占据王朝统治权，但是这些取得军事胜利者的文化层次都远不如中原文明。但是 1840 年之后的西方入侵者所带来的资本主义文明，在文明层次上是比中华文明更高一级别的。这一次军事上的接连溃败逐渐导致中国传统“天下观”[①]崩塌，但其瓦解过程远远滞后于军事败局。

在鸦片战争时期，咸丰和他的臣子们依旧把世界理解为朝贡体系的天下与通商国两个部分。整个大清王朝还是从传统“天下观”的范畴来看待外部世界。在第二次鸦片战争期间，作为主战派人物的奕䜣，虽然设立总理各国事务衙门，专办抚夷事务，但他还没有形成世界的国家概念。在他的观念中，世界依旧是一种“天下”的概念，即中国是世界的中心，其余都是夷狄。这一时期的清王朝，在处理与西方列强关系时，还沿用传统的驭夷之法。第二次鸦片战争后，“中国中心观”在地理层面被彻底打破。受其影响，虽然中国没有完全形成世界与国家的概念，但是还是动摇了它根深蒂固的华夏中心文化观。直到洋务运动后期，曾国藩、李鸿章、张之洞等洋务大臣才开始明白中国并非天下的中心，而是世界上众多国

① 传统“天下观”主要指华夷秩序。在华夷秩序之下，中国古代的国家形态表现出一种普世帝国的形态。它不具有现代意义上的民族国家或领土国家的政治学含义，而是一个政治文化概念。

家之一，而且中国在多国构成的充满着激烈竞争的世界中只是一个已经落伍的国家。洋务运动所迈出的中国近代军事改革步伐，正是建立在传统“天下观”崩溃的思想基础上，才下决心去争取本国的富强。

（二）学习西方军事之困

近代地理大发现之后，世界逐渐由封闭独立的个体，演变成相互联系的整体，每个民族文化中特有的世界观将决定它与其他文化接触时的态度和接纳时的难易程度。近代日本之所以在军事变革上走得比中国快，比中国容易，有部分原因来自于其世界观的不同。日本的华夷思想是一种与“国家”观念结合的多元中心的世界认识，与其相比，中国的世界观有一定的局限性，其华夷思想是基于“天下”观念的一元中心的世界秩序观。中国的天下是在原始自然认识的基础上，以文化优越感意识为前提的，天下的概念既有无限的外延，又相对封闭。在对外交往中，中国用来判别和对方的亲疏、等级关系的标准，主要是某些儒家的礼乐文化概念。这种用文明程度高低作为判断标准的“天下观”使得近代中国难以从对等角度把握与西方国家之间的关系，使中国学习西方军事的步伐迈得晚，走得慢。而日本的国家观使它更容易从平等角度来理解西方近代国家观念，为理性认识西洋文明扫清障碍，在学习西方近代军事和文化上走得快，走得远。

（三）从封闭走向开放

对于一个具有悠久文明、自尊意识很强的民族，又长期生活在闭关自守中的王朝而言，敢于放下架子，主张向被视为夷狄的外族学习先进军事技术，这并不是一件容易之事。而这个思想一旦形成，它就意味着中国旧有的军事观念体系失去了完整性，被打开了一个缺口。有了这个缺口，更多新的东西就有可能大量出现。鸦片战争清朝的战败，加快了中国有识之士和变革先驱世界观的变化，从而推动了“师夷长技”的步伐。而“师夷长技”的军事变革观念为后来的军事变革运动打下了思想基础。

《海国图志》这类书的形成过程，本身就是对“严夷夏大防”传统封闭价值观的突破。提出“师夷长技以制夷”，说明中国开始清醒看到它在整个世界所处的位置。“师夷长技”主要是指重视学习西方的科学技术和武器装备，这是对中国传统“重道轻器”价值观念的一种突破。

作为近代价值观，“师夷长技以制夷”的一个显著标志，就是在对待中外关系问题上不再是封闭的心态，而是逐渐转变为开放的心态，但是它仍然缺乏一种基本的平等观念。从“夷务”到“洋务”观念上的变化，是鸦片战争后到洋务运动时期中国人价值观深刻变革的一个突出反映。洋务运动把谋自强看成是最高的价值，这与传统价值观的僵化态度形成了鲜明的对照。公开宣传要学习西方，这种开放的心态和传统价值观中封闭的心态也是对立的。

三、西方文化的融入加速军事思想变革

诞生于古代军事思想母体上的近代军事思想，既保留其

先辈的遗传因素，又接受新时代中的世界观念。西学与中学毕竟存在着巨大的差异，当西学作为异质文化进入中国传统文化的思想体系时，在中国文化中心主义的强大同化下，西学很快就被解构成诸多文化元素，其原始的特征逐渐丧失。为了顺利纳入中国文化，作为异质文化的西学还要经过语言转译这一过程，于是再一次使它脱离与其生成的母体文化的联系。

（一）军事技术与文化输入的分离

鸦片战争是中西军事体系的第一次碰撞，也是中西文化的一次大碰撞。碰撞的结果是，中国开启向西方学习的旅程。在中国军事近代化的曲折道路上，中西文化的深层次差异，成为一次严重的考验。近代军事技术和近代军事思想的发源地是在西方，它们有其生成的独特历史文化背景。中国作为军事落后国家，想要学习西方推动本国军事近代化，若彻底抛开西方文化观念，只引入军事技术，结局只能是功败垂成。也就是说，“师夷长技”之后，还得向西方的文化根源溯源。只是这一步走起来，比上一步更加费时费力。

对于像中国这样自身具有深厚军事文化传统的国家来说，民族文化排他律的效果表现得更为明显。中国传统的军事观念，是建立在中国特有的封建君主专制、小农经济和宗法社会组织基础之上的。要放弃中国的传统军事观念，就必须先对它所依赖的封建君主专制、小农经济和宗法社会组织进行大的改造。但是彼时的中国无论在哪个方面都没有做好应对转变的准备。对于晚清军事变革者而言，中国的政治、经济和社会没有发生根本改变，所以建立在此之上的中国传统军事观念也没有改变的必要。在他们的思想观念里，除了军事技术之外，还没有认识到引进西方近代思想观念的必要性。

另一方面，西方军事文化中对暴力的推崇，与中国传统军事文化中“和合”观念相冲突，它使中国人在接受西方军事文化时存在心理障碍。中国传统军事观念是强调道德立国，不赞成用武力夺取天下。它对战争及其暴力属性的主要态度是谨慎、厌恶的。这一点与近代西方将战争视为财富和国家崛起的途径，是大不相同的。两者在文化观念上的巨大差距使中国人无法像接受西方军事技术那样迅速地接受西方思想文化。军事传统观念上的巨大差异使得西方思想文化的输入比其军事技术整整落后了半个多世纪。

（二）“重力尚争”的新型文化思潮

西方文化在中国的传播，尤其是达尔文进化论的传播突破了儒家传统哲学的禁区。某些传统儒家观念，例如中庸观念等遭受到西方资本主义竞争观念的冲击。这种冲击，波及中国传统文化的深层次结构部分，它们发生的某些根本性变化，成为推进中国近代军事思想发展的一个重要因素。

百日维新运动既是一次对封建政治制度的变革实践，也是一次与这种政治变革相应的价值观革新。维新派思想家对旧价值观批判的直接目的，是要以西方近代的资本主义价值观取代传统的封建专制主义价值观，这种价值观的变革在力度上达到了新的历史高度，是对封建旧价值观的根本性突破。维新派虽然仍然是以传统儒家的变易思想为根据的，但是充满了具有资本主义特点的竞争意识。这是对传统儒家变易思想一种质的突破，同样也是一种价值观的更新。这个价值观变革的实质，是要以资本主义的竞争观念来取代封建主义的中庸观念。这种价值观的变化，必然在战争观上有所体现。

甲午战争后，严复引入了西方的社会进化及竞争理论。他向中国介绍社会进化观，其中重点强调进化的竞争法则。他呼吁人们认识到中国已经被逼向世界竞争的擂台，随时有被淘汰出局的危险。随后，梁启超进一步阐述了严复的这一思想，强化了中国的危机意识。这些有预见性的学者引领了中国社会的舆论，传统的“天下观”在竞争危机的号角声中开始崩溃。中国社会开始普遍认识到用武力重塑中国在新时代地位的必要性。由此带来了 19 世纪末 20 世纪初中国军事文化观念的更新，为军事制度变革的深入发展奠定了思想基础。

这种由近代生物学延伸出来的“优胜劣汰”思想，对近代战争观的形成有着突出影响。他们以“六经注我，我注六经”的方式，在引进、传播中进行创造，将近代中国的战争观推向了更高的层次：开始强调战争的必然性；强调战争的正面意义和价值；主张战争是“力”的较量，特别是武器的较量；广泛认同“尚武”思想。“重文轻武”的旧传统也开始遭到批判，蔡锷的《军国民篇》和梁启超的《论尚武》特别剖析了中国人自秦汉以来原有的尚武精神沦落的原因。这些观点几乎都是与中国传统兵学的战争观背道而驰的，无疑是对中国传统兵学“慎战”思想以及“和”文化的一次革命性转变。儒家的“德化”原则也受到了猛烈的冲击，随着对道德作用的理性看待，人们开始明白中国的国防必须建立在实力基础上，开始将国防实力和近代科学技术紧密联系起来。中国也终于出现了以“重力尚争”为特征的新型战略文化思潮。

（三）科学主义思潮与军事方法论

中国近代科学主义思潮形成于五四运动。在新文化运动影响下，这股思潮蔓延至中国的思想界。辛亥革命结束了中国几千年的封建君主专制，建立在此基础上的传统文化价值观念受到极大动摇。尤其是儒家的权威地位被彻底打破，它逐渐从被质疑发展为被批判的境地，一时间中国近代军事遭遇的溃败似乎都和儒家腐朽、落后的文化观念有了关联。社会思想领域所涌现的这股反思与批判潮流，使得中国人将变革的希望投向了西方的思想文化观念。新文化运动在打倒“孔夫子”之后，引进了西方的“德先生”与“赛先生”，认为民主和科学才是拯救中国社会和文化的法宝。这时期科学的含义也有所拓展，从纯粹的科学知识层面拓展为科学的思维方法和科学的求真求实精神。在传统思维方式和西方近代科学思维方式之间，还展开了一场“科玄大论战”。争论的结果是，认为直觉、意象等中国传统思维方式已经不适应时代发展的需要。还认为对中国传统文化的改造应该从重视形式逻辑等科学思维方式做起。于是在理论层面，科学思维的价值逐渐被中国社会肯定。但是在实践层面，科学思维的渗透较为缓慢，加之受到战乱影响，整个中国社会没有系统地推动传统思维方式的科学转向和改造。在科学主义思潮推动下，中国近代军事学也开始采用科学思维方法研究战争和军事问题。这一时期涌现出一批军事学通论著作，对《孙子》的研究方法也突破传统注疏模式。通过大量引用西方军事理论和方法论内容，使中国近代军事学术有了独立思考的空间。虽然他们还停留在零散、不系统的水平，但是至少表明中国近代军事方法论和传统相比，已经有所突破。

国别	B 被引用的著作	A 近代研究《孙子》的著作			
		《孙子新诠》	《孙子兵法新检讨》	《孙子浅说补解》	《孙子新研究》
德国	麦亚斯《战略论》	4			
	鲁登道夫《总体战》	10		5	9
	克劳塞维茨《战争论》	11	10		3
	俾斯麦	1			
	毛奇	1	1		
法国	拿破仑	5	5		1
	福熙《战争原则》	3	1		
英国	富勒《未来的战术》	3			
	《阵中要务令》		4		
苏联	《劳农赤军野外教令》	2	4		
	《战略原理》		1		

四、“中体西用”对军事思想发展的双重影响

鸦片战争后，军事上的连续溃败，使清王朝认清其军事实力和西方列强之间的巨大差距。军事改革派为了迅速在军事技术上引进西方先进的军事装备，以“中体西用”的变革模式，巧妙绕开了政治体制、军事思想观念等关键性问题。但是真正实践起来，“中体西用”的变革模式不仅仅限于军

事领域，它在某种程度上的超越，又引发了中国思想界对军事近代化和文化近代化关系的深入思考。所以，“中体西用”对中国近代军事思想的发展而言，既表现为一种观念的束缚，它制约了近代军事变革的步伐。但是同时，它对中西界限的不断试探和超越，又暗示着一种新观念的萌芽。

（一）赋予军事变革的合法性

“中本西末”是“中体西用”的前身，是甲午战争前中国的文化观，对应着“师夷长技”。任何一场军事变革的首要问题是获得实施的合法性，这个问题对于中国近代军事变革显得尤为突出。晚清时期，推动中国军事变革的主体不具有政治和军事的实际威权效力。尽管他们有推动军事变革的热情，却无法在政治和军事上取得军事变革的合法性。所以，一旦遇到来自政治方面的阻力时，他们往往选择妥协退让。另一方面，当时的社会文化氛围也不利于军事变革的开展。以伦理道德主义为中心的儒家思想文化仍然占据着主导位置，其因循守旧的思维特点使它畏惧新观念、新思想。顽固派作为文化守旧势力的代表以各种形式排斥和阻挠军事变革。这些现实问题给中国近代军事变革出了一道大难题，它必须做到既学习西方，又要有利于维护封建制度和固有的文化价值观。“中本西末”文化观的提出，暂时缓解了中国近代军事变革的压力。它通过肯定中国传统思想观念的价值，化解了顽固派的敌对情绪。将学习西方军事技术置于中国传统价值观念的统领下，使得这种引进与学习的行为获得了政治合法性。

（二）制约军事变革的广度

“中本西末”文化观限定了中国近代军事变革实践的范围。这一观念的形成是以外部安全威胁的步步紧逼为特殊的历史背景，被迫性和外发性使得它以“部分否定”为基本特征。“中本西末”具体表现出来，就是不去碰触“西政”“西学”“西制”，将注意力集中在“西技”和“西艺”上。例如被张之洞视为中国文化之“体”的“中学”“旧学”，实质上主要指的是孔孟之道，而核心则是封建的纲常名教。他有意识地把“西学”的范围加以限定，将“西学”中资本主义政治思想、伦理道德、价值观等内容排斥在外。这是他提倡学习西方的基本原则。这其中他特别指出，作为西方思想价值观基础的西方哲学，是千万不能学习的，与中国的封建制度、纲常礼教相冲突的西方社会政治思想和伦理学说，都不允许学，所学的必须是对自强有用，且对封建制度和传统纲常又无害的内容。洋务派的“中本西末”观还没有想到融合中西文化观念层面，只是将学习视野限定在具体物质文化层面。他们仍然把中国固有的礼乐教化的儒家文明视为人类文明的最高形态，认为中国所缺少的仅仅只是“技”“用”而已。在这种口号下，西方文化没有成为中国全面效仿和学习的对象。但这种局限性却迎合了彼时人们的价值标准，使“师夷长技”能够争得广泛的社会支持，从而解决了中国近代军事变革的合法性。但是，另一方面的问题是，它又制约了中国近代军事变革的发展，使其困于“西艺”“西技”，难以实现军事观念和军事制度变革上的突破。如果失去了相应的军事观念与军事制度支持，单纯的军事技术变革终将因逐渐丧失动力，而趋于乏力。

（三）引领军事变革走向综合

在近代军事变革中，如何处理军事变革与其他社会系统之间的关系，一直是个难以解决的问题。在军事变革之初，这个问题完全被回避了，但是当军事变革推进到一定阶段后，这个问题又凸现出来，明显影响到军事变革的进程。“中体西用”文化观就是在这个阶段提出的。它反映出人们开始用一种综合性思维，来处理军事变革与社会其他领域变革的关系问题。对于近代军事变革，人们已经不仅仅是从军事视角来看待和分析，而是将军事问题纳入到社会整体关系的协调中给予通盘考虑，这实在是一大进步。

甲午战争后的“中体西用”不再像洋务运动时期那样较多从军事角度谈论中西新旧、体用本末的关系，而是上升到了政治和文化的高度。军事问题在“中体西用”中所占的地位退居到边缘，不再是关注的焦点，重心转移到政治问题和文化观念上。“中体西用”允许中国对西方近代军事学习的范围拓展，包括了西方近代军事制度和军事文化观念。“师夷长技”和“中体西用”最大的区别是接不接纳“西制”。“中本西末”是支撑“师夷长技”的一种文化观念。而“中体西用”作为甲午战后支撑中国军事变革的主要文化观念，已经突破了“中本西末”的局限，也是一次进步。

（四）阻碍向西方军事文化全方位学习

“中体西用”文化观的特点在于，为中国向西方学习设置了一条人为的界线，尽管这条界线划在什么地方可以随形势的发展而变化，但这条界线却必须存在，否则便意味着从根本上否定“中体西用”理论的存在。清末，“中体西用”理论在新的社会思潮冲击下一步步退缩，逐渐缩小“中体”的范围，当最后只剩下封建伦理纲常意识这一核心内容时便再也不肯退缩。

“中体西用”与日本的“和魂洋才”[①]相比，原则性太强，缺乏灵活度。两者出发点原本相同，但是在实践过程中开始出现差异。“和魂洋才”吸收西方文化时尺度较宽，“中体西用”吸收西方文化时掌握尺度较严。在“中体西用”模式中，“中体”和“西用”处于不平等地位。“中体”是根本性的、首要的，而“西用”则是次要的、附属性的。在“和魂洋才”模式中，“和魂”与“洋才”地位相当，没有孰重孰轻的纠结。“中体西用”存在被伦理道德主义制约的问题，而“和魂洋才”不存在这样的问题。日本以“有用性”作为判断外来文化价值，以及是否学习的标准。“有用性”也构成了日本价值观的核心内容。如果说中国总是在维护其文化的纯洁性，那么日本更多时候是将文化当成了一种手段。这也说明在当时的历史条件下，中国人仍然处在中外文化对立的思维方式的束缚中，

---

① “和魂洋才”是日本应对、处理传统文化与外来文化关系的模式。“和魂”是指日本民族固有的精神气质，“洋才”是指以西方科学技术为中心的“富强之术”。它和“中体西用”相比，在吸收西方文化时掌握的尺度较宽，某些西方制度和思想也被视为“洋才”。

仍然是在中国人与外国人的抽象对立中来认识人的价值的。“中体西用”文化观自设的底线，使得中国近代军事变革远不如日本进行的彻底、有效。

五、价值观改变的主体无法主导军事变革

（一）谋士阶层

晚清军事改革有两个看似矛盾的特点：一方面，军事改革思想家大多出自军事体制之外。另一方面，只有体制内的实权派才可以组织和领导军事改革。晚清能成为军事改革思想先行的人，一般都具有较高的文化水平和思维水平；有机会接触当时的军事问题，能够从现实中把握问题症结；身处体制之外，有一定的思想自由。这些军事改革思想先行者中，有不少人看到了来自中国文化深层结构的障碍，努力倡导改变中国传统的价值观。例如严复通过进化论的宣传，使“物竞天择，适者生存”这种新的思想价值观逐渐深入人心。以进化论的“物竞天择，适者生存”来取代传统的儒家中庸思想，这是在近代价值观转变过程中一个有启蒙意义的重要阶段。康有为对传统儒家“存天理去人欲”之说持明确的否定态度，主张以人为主，竭力证明人的欲望是正当、合理的，通过吸收近代西方资产阶级的民主主义思想，并用西方近代价值观改造了中国儒家的传统价值观，用西方近代的人道主义博爱论来改造中国儒家的“仁学”，以西方的“人道”来代替中国的“仁道”。但是这些促进价值观改变的主体，诸如康有为、严复等人，均处于谋士、学士层面，他们不是体制内掌握兵

权的实权派。不掌握政治、军事、经济实权，就无法有效推动中国近代军事变革的具体实施。

（二）“知行”不一，劳而无功

军事学的“知”是为了能“行”，“知”与“行”理应是一个整体。它要求军事变革的主体必须完成为“行”而“知”与为“知”而“知”的结合。近代中国军事变革主体无法成功完成这种结合。例如曾国藩、李鸿章等人能“行”却不能很深入地“知”，而蒋百里、杨杰等军事理论家能“知”又没有“行”的条件。

甲午战争前的军事学认识主体是封建士大夫阵营中的洋务派，其根本立场决定了他们不可能自觉、主动地去进行军事近代化运动，只是在文明规律的牵引下，以类似于剥笋般由外而内的程序，无意识地启动了军事近代化运动。洋务派领袖的知识构成造成他们对传统中国兵学了解和运用得比较娴熟，但对世界先进的军事学的学习和应用缺乏理解的深度，影响了其军事改革的贯彻力度。而在甲午战争后，从文化运动的主体来看，那些对近代文化有初步觉悟的青年士子们取代了洋务派的地位，自觉、主动而积极地开展了“兴西学”活动，致力于“中西会通”以构筑中国的近代文化“新学”。但是这些人又不在军事实践的一线岗位，其知识理念无法有效推动近代军事变革的发展。这种错位，使得近代中国军事改革难以达到“知行合一”境界，只能是走向军事理论与军事实践脱轨的道路。

六、保守的文化传统对海防思想的禁锢

（一）“以保和局”的海防战略

晚清海防思想实际上是中西军事文化碰撞后的产物，它不是自觉发生的，而是被迫应对突然到来的挑战。在匆忙的应对中，中国一直没有能够摆脱文化传统的羁绊，没能克服用本民族的传统文化价值尺度来评价异域文化的思维习惯。晚清海防思想近代化的程度，很大程度上受限于晚清督抚对西方海洋文化接受的程度。洋务派作为中国近代军事改革的先锋，本身具有无法克服的致命限制：一个来自外部，主要是具有深厚封建文化传统根基的保守派的指责和掣肘；第二个是洋务派本身是身受封建传统文化熏陶的儒家，他们自身无法摆脱封建文化传统的巨大包袱，常常陷于新学与旧学的矛盾而不能自拔。

为了应对西方列强来自海上的军事侵扰，洋务派创建了中国近代化的海军。但是洋务派都是受儒家思想观念影响至深之人，这使得他们关于近代中国海军建设和海防建设的措施都带有中国传统军事观念的保守性。西方近代海防思想主要内容是控制海权。这种思想观念的产生是建立在资本主义生产力发展的需要之上的。和中国传统军事战略相比，西方近代海防战略明显带有极强的进攻性。中国儒家文化一向主张“德化”主义、“王道”思想。它尤其反对穷兵黩武和远征，保守性和内敛性是中国传统军事文化的主要特点。洋务派作为传统伦理道德观念的固守者，他们的海防思想也沾染上传统军事文化的这种保守性。正是这种思想观念上的保守性，

决定了洋务派海防战略的消极、被动性。他们建设北洋海军和实施的一些海防举措都是以保和局为最终目的。而中国近代海防战略的这种保守性又必然要影响海军海防建设的发展速度和水平，使中国的海军实力始终落后于敌国。海军海防力量的步步落后，反过来又促使海防战略更加被动和消极，从而形成恶性循环。

（二）“陆主海从”的陆权主义传统

中华民族的经济生活一直以来都是以小农经济为主导的结构，人们主要以农耕为生。历代封建统治王朝致力于维护农业生产和流通的顺畅，只将大海视为天然的地理隔绝屏障。这是一种背海而生，而不是向海而生的生活方式和社会管理方式。中国历代战争也主要是围绕着土地的争夺，所以陆军军种一直受到重视。古代不论是军事思想家还是军事实践者，多将关注的视角集中在陆地作战，长期以来形成了中国牢固的陆权主义军事传统。第一，在中国古代，争夺土地是发动战争最根本的原因，几乎没有哪个朝代为了海洋利益发动战争的。第二，中国封建君主制国家的建立和维持，都要依靠稳定的农业体系。和海洋相关的活动，几乎和封建王朝的统治没有直接的联系。大禹治水，是为了保障正常的农业收成。它关系到封建王朝的税收和社会的稳定。而“精卫填海”的传说，其实反映的是农耕民族对大海作用的漠视。在农耕社会里，影响农业收成的因素主要是来自自然环境的气候和土壤，它们不是战争能够解决的。国家起源的这个特点决定了中国的军事战略思维是防御性质的，中国古代战争的最高目标是保卫现有的耕地。第三，中国农业区域可以实现自给自足，长期都不需要开拓海外贸易。而且在近代以前，中国历代王朝重大的安全威胁中都不存在海上威胁这一因素。因此，中国不但不具备海上扩张的需求，也不具备内在驱动力。中国的陆权主义传统历史悠久，在中国古代浩繁的兵书中，论述陆战的比比皆是，而关于水战和海战的兵书就难得一见。作为中国近代海军海防事业的主要经办人，以陆军起家的李鸿章也深受传统的军事防御主义和陆权主义影响，缺乏海权意识，他的国防基本主张是防御和“陆主海从”。中国陆权主义传统的这种顽固性，绝不是西方海洋文化一击就能够垮掉的。

西方列强和日本发展海军，出自资本主义经济向外扩张殖民利益的需要，具有强烈的海洋意识和制海权观念。而清政府发展海军不是结合国家的经济、军事、政治需要来筹划的，它只是在西方列强已经对中国沿海发动攻击的情况下，做出的一种被动的选择。在这种大背景下，海军只是应急的一种低层次防御工具，陆军才是中国传统的备受重视的军种。中国近代海军的作用只是作为保卫大陆疆土的一种辅助，没有以争夺海权为目标。所以，它根本不需要、也不用具备适应远洋进攻的战略战术和能力素质。

七、“经世致用”文化传统对军事变革的双重影响

（一）晚清军事变革的实用性

经世派学者们对以往好空谈之风给予否定，积极提倡“经

世致用”的价值判断标准。他们打破原有学术研究范围的桎梏，将范围从儒家经典拓展为社会、文化、自然等各个领域。在中国传统社会近代化转型时期，具有积极入世价值取向的“经世致用”观念，成为军事变革派学习西方的重要理论武器。

洋务派发展军事科学技术，主要是为了应对西方列强的军事侵略。这种科技观充分体现出“经世致用”的文化传统。也就是说，洋务运动的发起就带有极强的实用主义意味。洋务运动期间，西学的主要范围还是轮船军舰以及洋枪洋炮。这一时期，尽管已经输入不少的西方科学知识，但是中国人依旧认为科学技术就是武器装备的制造。而且洋务派直观地看到西方军事装备的威力，所以特别醉心于军事装备制造。凡是能够对武器制造有用的科技知识，他们就积极引进，进行推广。洋务派这种实用主义的科技观，从他们创办的各种类型的学堂也能看出来。这些新式学堂的学习性质大多都是属于军事或是工艺。当时各种军校大部分都是速成，这也从侧面表现出军事变革的实用性，在学习西方军事技术和兴办军事教育上，始终是围绕战争展开的。

（二）军事学术难以独立发展

与中国传统兵学研究相比，清末军事学术研究在方法上有很大改进，其中最主要的一个特点就是开始由虚变实，不尚空谈，讲求实用。面对严酷的军事现实问题，晚清官绅明显感到中国传统兵学多空谈，不切实际，无法满足现实的需求。他们对类似奇门遁甲的虚幻学说失去兴趣，逐渐追求以实用性为主。中国的军事现实急需什么，他们就设法从国外引进什么，并积极从事研究探索。

经世致用的学术精神贯穿近代中国整个军事学变革的过程。中国近代军事学主体演绎了这样一个新公式：实用 + 博学 = 不专业。尽管学术进步一开始需要以实用背景作动力，但是当学术发展到一定阶段后，不需要强调学术的社会价值时，过分强调实用反而会阻碍学术的独立发展。清末中国军事的学术专业化和专门化尚未建立起来，实用和博学反而不利于军事学术的专业化发展。另外，中国军事学术重视实用性，和政治保持着密切的关系，导致其独立性差。中国军事学术的被动性和不独立性又导致了它在发展中缺少抽象和分类，不注意逻辑分析和概念的创新。

鸦片战争以后，中国被西方列强用军事优势强迫性地打开国门，曾经被视为“洪水猛兽”的西方文化就这样随着坚船利炮涌了进来。此时的中国从农耕文明时代的安逸梦中惊醒过来，在屈辱和痛苦中开始了中国社会和中国文化的近代化过程。中国文化开启的这种近代化，带有极大的被迫性，它和西方文化近代化的进程完全相反，推进的步骤不是由难而易，而是由易到难，这就注定了中国文化近代化的道路要更加曲折，也暗示了可能归于失败的惨淡命运。中国军事思想近代化的过程是和中国文化近代化的过程相类似的，它已经认识到需要通过改造文化深层结构（即文化基因）来推动近代中国军事变革的步伐。但是由于受到中国军事思想文化基因的顽固性，改造过程的反复性，改革主体的局限性等多种因素影响，最终的结果并不令人满意。对中国军事思想文化基因的现代化改造任务，就这样留给了以毛泽东为代表的中国共产党人。

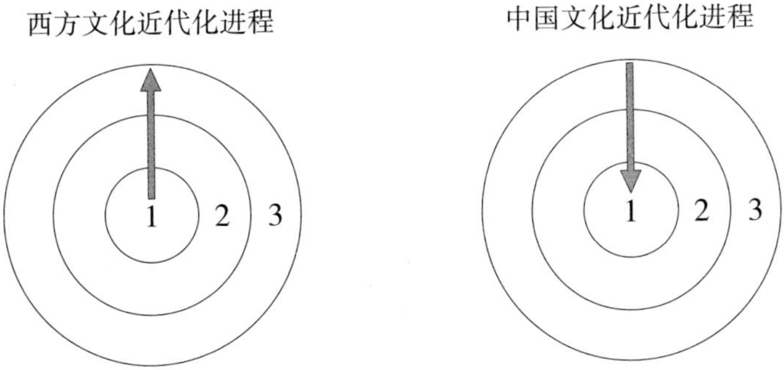

1. 文化基因变异—思想观念革命
2. 制度文化变革—政治制度革命
3. 物质文化变革—科学技术变革

中西方文化近代化进程对比图

第四章　毛泽东军事思想与文化基因改造

毛泽东军事思想是中国共产党人把中国革命实践和马克思主义基本原理紧密结合所形成的理论结晶，其形成发展过程中始终面临着两个复杂的问题。一是如何对待中国传统军事思想的文化基因，二是如何对待外国军事思想文化基因的渗入。严格地讲，马克思主义中国化的过程，就是中西方文化基因相互作用的过程。毛泽东军事思想的形成过程，是使中国传统文化的深层次结构主动发生改变，积极适应对马克思主义的理解。这样就使传统文化的价值观念和思维方式积极融入马克思主义中国化的理论建构中。对毛泽东军事思想来说，选择马克思主义作为理论指导的意义和价值在于，既是改造和超越中国文化传统，又是改造和超越西方近现代文化。更为重要的是，把马克思主义从产生它的资本主义文化体系中提取出来，是比较容易做到的。而把它运用于中国的军事实践，如何处理好它同中国传统文化的关系，解决马克思主义军事理论中国化的问题，就不是一件简单的事情了。以毛泽东为代表的中国共产党人通过改造文化基因，成功地解决了这个重大的理论和实践问题，也正是在这个过程中形成了毛泽东军事思想。毛泽东军事思想对中国传统文化基因和马克思主义文化基因的传承、借鉴、融合和改造，主要体现在以下几个方面。

一、人民战争思想确立了新型战争主体论

人民战争思想是毛泽东军事思想的主体内容，内涵十分丰富，贯穿其中的核心问题是怎样认识和确定战争主体。这是打什么样的战争、建设什么样的军队必须首先解决的重大价值判断问题。毛泽东人民战争思想把人民作为战争的主体，确立了“兵民是胜利之本”的新型战争主体论，并以此为依据缔造了中国新型的人民军队，从而对中国军事思想文化基因进行了革命性改造。

（一）从“英雄史观”到“人民观”

毛泽东的“人民观”是在传统民本思想的基础上，采纳了马克思主义群众观后得出的。在这种新型人民观的基础上，产生了毛泽东人民战争思想的全部内容。

1. 马克思主义群众观

谁是创造历史的主体，这一问题从根本上区分出群众史观和英雄史观。由古至今，从东到西，英雄史观一直是社会的主流。它认为历史发展的推动力主要由英雄人物、帝王将相等构成。马克思主义唯物史观提出“社会存在决定社会意识”的原理。在此基础上，马克思的《神圣家族》首次确立了人

民群众是历史创造者的观点。随后，这一群众史观通过《德意志意识形态》《共产党宣言》等一系列著作的阐释，得到全面的理论化。

2.“人民是创造世界历史的动力”

在中国历史长河中，英雄史观一直占有统治地位。即使孙中山也没能从根本上脱离英雄史观的束缚。孙中山的英雄史观表现为重视“先知先觉”者的作用，从而否认了人民群众是推动社会发展的动力。把他们看成只能按照“先知先觉”者的“发明创造”去“竭力乐行”。正是这样的英雄史观，使得孙中山革命生涯的大部分时间都是与人民群众脱离的，他一直幻想依靠少数的“伟人杰士之冒险”取得革命胜利，甚至寄希望于各类军阀，从而导致革命一败再败。

从哲学层面来看，毛泽东世界观的转变首先发生在社会历史领域。它实质上是从英雄史观转向群众史观，也是从唯心史观转向唯物史观。青年时的毛泽东在历史观上也推崇“英雄史观”，曾认为救国救民是圣人、伟人的事情，需要着力于抓“大本大源”。青年毛泽东恳切地期待圣贤出世，担当起拯救“小人”的重任，认为人民群众只不过是“不得大体”的“愚人”。俄国的十月革命和中国的五四运动，使他看到了人民群众的巨大作用，从此开始，毛泽东的历史观开始逐渐转变。《民众的大联合》标志着毛泽东从唯心史观转向了唯物史观，他开始认同马克思主义的群众观。之后，毛泽东运用马克思主义这一原理分析人民群众对历史发展的作用，提出了“人民观”。“人民观”的主要观点为“人民是创造世界历史的动力”[①]。

3.“兵民是胜利之本”

毛泽东在马克思主义群众史观的基础上，结合中国的具体实际，用“人民观”指导中国革命，创造出人民战争理论。它是指导中国革命战争不断取得胜利的法宝。毛泽东指出人民战争的核心要素是人民群众，他们是中国革命战争的力量来源。他强调，“革命战争是群众的战争，只有动员群众才能进行战争，只有依靠群众才能进行战争”[②]。与此相联系，在军队性质问题上，毛泽东阐明了人民军队的价值取向问题。即这支军队“不是为着少数人的或狭隘集团的私利，而是为着广大人民群众的利益，为着全民族的利益，而结合，而战斗的”[③]。毛泽东还进一步明确了人民军队这种价值取向的决定性意义，“没有一个人民的军队，便没有人民的一切”[④]。在中国革命实践取得的成功经验和失败教训中，毛泽东更加深刻认识到人民群众的巨大力量。他通过长时间的理论思考，系统阐释了人民群众在人民战争中的重要作用。在抗日战争时期，毛泽东先在《论持久战》中提出“兵民是胜利之本”[⑤]。随后，他又在《中国革命和中国共产党》指出“只有这种农民的阶级斗争，农民的起义和农民的战争，才是历史发展的真正动力”[⑥]。抗日战争快结束时，毛泽东又在《论联合政府》

① 中国人民解放军桂林陆军学校训练部,《学习毛泽东军事思想》，1982年6月，第27页

② 《毛泽东选集》，第2卷第2版，北京：人民出版社，1991年，第511页

③ 《毛泽东选集》，第3卷第2版，北京：人民出版社，1991年，第1039页

④ 《毛泽东选集》，第3卷第2版，北京：人民出版社，1991年，第1040页

⑤ 《毛泽东选集》，第2卷第2版，北京：人民出版社，1991年，第511页

⑥ 《毛泽东选集》，第2卷第2版，北京：人民出版社，1991年，第553页

中再次申明“人民，只有人民，才是创造世界历史的动力”[①]。通过抗日战争的革命实践总结，毛泽东将人民战争的理论体系发展得更加完善。

在“人民观”的理论指导下，毛泽东创立了中国特色的人民战争理论。这一理论体系的精髓在于：坚持无产阶级政党——中国共产党的领导，坚持人民军队与人民群众相结合，坚持军事斗争形式与其他斗争形式相配合，坚持依靠全体人民的力量夺取革命战争和国防斗争的胜利。

（二）对传统价值体系的突破

毛泽东人民战争思想重塑了中华民族传统思想文化的价值体系。人民战争第一次真正把人民的利益作为目标，把人民的力量作为基础，把尊重人民、依靠人民、为了人民作为其根本的价值归属。中国传统文化虽然也讲以民为本，但这并不是在自觉地认识到人民作为历史发展动力的前提下，对人民力量的重视，因此它具有很大的局限性和不彻底性。科学的人民观使毛泽东的人民战争思想极大地调动了蕴藏在人民群众当中，但一直未被发现甚至受压抑的巨大力量，从而更新了中国革命的历史观。这不单单是对军事思想本身的跃升，也是对几千年来中国传统思想文化价值体系的革命性改造。

1. 传统民本思想的局限

传统民本思想，主要是指重视民众对维持社稷稳定的重要作用。它是一种将民众福祉当作施政标准的政治思想，来

---

① 《毛泽东选集》，第3卷第2版，北京：人民出版社，1991年，第1040页

源于中国农耕文明的文化深层结构。经过历朝历代统治者和思想家的不断完善和阐释，逐渐演变为治国理念，有利于缓和阶级矛盾，促进社会和谐和稳定社会形态。“得民心者得天下”之类的观念，更是成为中国传统政治文化最根本的价值信念之一。

传统民本思想的局限性在于其工具本位的价值取向。价值取向代表着主体对客体的价值追求。价值取向具有阶级属性，它反映出不同阶级的价值目标。传统民本思想的出发点和目标都是为了维护统治阶级的最大利益。它只是将关心民众利益作为保证封建君主统治的重要手段。传统民本观在历代学者的解释中始终未偏离维护君主专制的目标范畴。例如明代黄宗羲的民本观念，虽然已经到达封建社会能容忍的边界，但在本质上还不敢否定君主制的合法。

这种民本主义价值观念对古代军事思想产生了重要影响。古代经典兵书都论述过人民群众在战争中的重要作用。《孙子兵法》最早就提出了重民的思想，但并没有展开论述。《六韬》在政治战略思想方面，强调“同天下之利者则得天下，擅天下之利者则失天下”[①]。孙膑认为“知道者，上知天之道，下知地之理，内得其民之心，外知敌之情”[②]。这是认为“得民心”和其他“战道”一样重要，也是战争指导者必取之“道”。

这种“以民为本”的传统民本主义思想，对毛泽东人民观的形成有着不可忽视的影响。青年毛泽东在其接受马克思

---

① （西周）《姜尚的军事智慧——六韬》，长春：东北师范大学出版社，2012年3月，第24页

② （战国）《孙膑兵法》，乌鲁木齐：新疆青少年出版社，2009年6月，第156页

主义之前，曾相当真诚地信奉过渗透着传统民本思想的政治哲学。作为一个坚定的马克思主义者，毛泽东对待中国传统文化中民本主义思想的基本态度是：在批判中继承，在继承中批判。

2. 孙中山的“仁爱”思想

孙中山的民本史观具有浓厚的道德性，其核心价值取向是，从伦理道德的角度来考察和评价历史。他认为，提升道德理性才是社会发展的动力和目标。孙中山的民本史观既继承了传统民本史观的“仁爱”思想，又吸纳了西方民主主义、社会主义、互助进化思想。他将改造、富强中国寄希望于培养国民良好的人格。

由于阶级的限制，孙中山对于人民的政治定义一直是模糊的。他常常把国民、民众、人民的概念混淆，“大凡有团体有组织的众人，就叫做民”[①]。这样的划分规避了阶级分析的方法，对人民属性的模糊性划分，制约和限制了孙中山建立军队和发动群众的政治实践。孙中山在建立军队上，利用过会党，发动过有革命倾向的新军，依靠军阀打军阀，却始终没有建立起真正革命的军队，没有广泛地发动人民群众。

3. “全心全意为人民服务”

毛泽东把中国传统民本思想和马克思主义的群众史观相结合，创造出“人民观”。再将这种“人民观”运用到中国革命实践中，创造出具有中国特色的群众路线理论。

建军初期，毛泽东在《红四军司令部布告》中，就指出“红

① 《孙中山选集》，北京：人民出版社，1981年版，第692页

军宗旨，民权革命”[①]。后来，又一步明确人民军队的性质，指出“全心全意为人民服务”是建军的唯一宗旨。并将这一宗旨落实到军民关系建设中，通过走群众路线，得到人民的支持和拥护，使人民成为军队的力量来源。这一宗旨虽然在内涵上与古代军事思想中重民思想有交叉，但是它不是简单的重复。在《论持久战》里，毛泽东将“兵民是胜利之本”的观点具体运用到战争指导之中。他指出，战争的对抗，既是军事和经济力量的较量，更是人心和人力的较量。

毛泽东丰富和发展了马克思主义“为绝大多数人谋利益”的观点，在此基础上提出“全心全意为人民服务”，并确定它是中国革命新型军队的唯一宗旨。毛泽东人民战争理论的价值取向是全心全意为人民服务。这是人民军队区别于一切旧军队的根本标志。旧式军队不敢也没能重视民众力量，因为它所维护的并不是服务于人民的政权。“全心全意为人民服务”打破了以往价值体系的阶级利益取向。作为人民利益的代表，在组织进行战争时，能最充分地发挥人民的积极性，能够最广泛地动员群众。

毛泽东人民战争思想，将人民这个因素对于战争胜负的价值作用提升到前所未有的高度。古今中外历史上，有些政治家、军事家曾经认识到战争实践中“民”的作用。但是他们没有从根本上意识到战争是人民的战争，更不会平等地看待“兵”与“民”。他们认为战争主要靠军人的冲锋陷阵和流血牺牲。毛泽东超越传统“兵”“民”价值判断的地方是，

① 熊庆芳.《毛泽东军事思想对古代兵学文化的传承与发展》,《武警学院学报》,2007年7月25日，第32页

他平等地认识“民”和“兵”，并总结出战争胜利的法宝是将两者有机结合。

综上所述，毛泽东人民观以及由此产生的人民战争思想的独具特色之处，正是在于把马克思主义的群众史观与中国传统文化中的民本主义思想加以合理整合，既对中国军事思想文化基因进行了革命性改造，也使毛泽东人民战争思想具有了鲜明的中国特色。

二、战争观拓展了战争性质判断标准

科学判定战争性质是正确认识和对待战争的前提。站在不同的阶级立场上，运用不同的判定标准，对同一场战争得出的结论可能会截然不同。对战争正义性的讨论是伴随着战争诞生开始的，虽然东西方不同的文化传统，导致对战争正义性的理论探索有不同的路径，但是在努力使战争行为符合道德要求这一点上，中西方是不谋而合的。

（一）对传统正义战争思想的继承超越

1. 继承“慎战”原则

《吕氏春秋》中说：“兵苟义，攻伐亦可，救守亦可。兵不义，攻伐不可，救守不可。”[①] 它体现出中国传统兵学对义战的推崇，也体现出中国古代战争文化十分注重道义的价

① （战国）吕不韦.《吕氏春秋·孟秋纪·禁塞》，广州：广州出版社，2004年，第105页

值。老子的“兵者，不祥之器，非君子之器，不得已而用之”[①]，是中国古代战争观念的典型代表，它突出表现了中国传统军事文化对战争正义性的强调，以及严肃对待战争的慎战态度。

中国传统军事这种“慎战”观点对毛泽东军事思想产生了深刻影响。毛泽东主张对战争进行研究，不是出于好战，而是重视“以战止战”的意义，他强调“这是出发于我们要消灭一切战争的志愿”[②]。在战争指导思想上，毛泽东继承、发展了传统的慎战思想，特别强调了慎战原则。例如，慎重初战，不打无把握无准备之仗，慎重决战，等等。针对决战问题，他曾提出三条原则，“一切有把握的战役和战斗应坚决地进行决战，一切无把握的战役战斗应避免决战，赌国家命运的战略决战应根本避免”[③]。

2. 超越“仁战”“义战”

中西方关于正义战争的不同界定原则，主要区别是理论基于国家层面还是理论基于个人伦理层面。西方对战争正义性的解读是将其赋予国家性，而中国对战争正义性解读没有跳出个人伦理范畴。从理论产生上来看，西方的正义战争理论产生于基督教普世主义，它主要是在国家层面进行讨论的。在中国，尤其是春秋战国诸侯割据时期，各种思想流派都从自己的学说出发，根据自己对正义的理解和阐述，来界定什么是正义战争。例如，《司马法》认为，“以仁为本，以义

① （春秋）老子.《道德经》，北京：中国华侨出版社，2014年3月，第130页

② 《毛泽东选集》，第2卷第2版，北京：人民出版社，1991年，第174页

③ 《毛泽东选集》，第2卷第2版，北京：人民出版社，1991年，第408页

治之，谓之正”[①]。孙膑认为“战而无义，天下无能以尚且强者”[②]。由于各派学者不是国家的当权者，他们对国家政治的影响力有限，所以他们对正义战争的理解不能够完全应用于实践层面。这样就造成中国的正义战争理论主要停留在从个人伦理角度解读战争性质，将个人和国家等同起来，没有区分清楚个人伦理与国家伦理的巨大不同。这一点直接导致了中国传统战争观在对正义战争认识上的缺憾。

毛泽东在认识和理解战争的性质问题时，既超越了中国“义战”的个人伦理范畴，也超越了西方正义战争的国家范畴。他将战争是否具有进步性当作辨别战争是否正义的标准。他指出，“一切进步的战争都是正义的，一切阻碍进步的战争都是非正义的”[③]。毛泽东还以无产阶级的阶级立场，深入阐述了战争性质的具体内涵。他认为反抗民族和压迫阶级压迫的战争是正义的。谋求民族解放和阶级解放的战争也是正义的。反过来，进行民族压迫和阶级压迫的战争是非正义的。争夺霸权、扩张侵略的战争也是非正义的。在战争性质问题上，毛泽东从新的历史视角，结合阶级斗争观念，重新诠释了中国传统战争观念的“仁战”“义战”，完成了一次对中国军事思想文化基因的重要改造。

3.“用正义战争反对非正义战争”

道德，主要是指用善和恶，正义和非正义等是非概念来评价人们的行为。道德标准主要指衡量道德的基本准则。战

---

① 骈宇骞等.《武经七书（上）》，中华书局，2007年7月，第151页
② （战国）《孙膑兵法》，北京燕山出版社，2009年1月，第44页
③ 《毛泽东选集》，第2卷第2版，北京：人民出版社，1991年，第510页

争道德标准，主要是指对战争的善和恶，正义和非正义评价的基本准则。

先秦兵家对于战争正义性的认识是基于道德标准提出来的，他们对战争正义的追求，实质上是对道德目标的追求。中国文化以仁爱为基本道德判断标准，它使得中国古代形成了一种独特的战争观，即赞赏有德之战，批判失德之战。由于历史的以及阶级的局限，中国古代思想家没能够从整体上区分战争的性质。毛泽东曾批判过古代这种基于道德标准的战争判断，他在《论持久战》中特别提到宋襄公因为固守“不鼓不成列”而导致战争失败，并指出“我们不是宋襄公，不要那种蠢猪式的仁义道德”[①]。这无疑是对中国传统战争道德标准虚伪性、欺骗性的一种摒弃。有了这样的思考和反思，毛泽东才能第一次更新了中国传统的战争道德标准。他提出一种全面的战争判断标准，即“用正义战争反对非正义战争”的观点。

毛泽东军事思想对战争道德标准的更新，是对中国传统军事思想文化基因的一次创新性改造。他将一些具有时代价值的概念，例如革命、阶级、民族等引入对战争性质的判断中，对正义战争作出较为全面而系统的阐释。毛泽东根据进步还是阻碍进步的区分标准，将战争分为正义与非正义的。然后又将进步与阻碍进步的战争判断标准细分为革命还是反革命，民族革命还是民族反革命，阶级革命还是阶级反革命。

---

① 《毛泽东选集》，第2卷第2版，北京：人民出版社，1991年，第510页

（二）用马克思主义阶级分析法重新认识战争性质

1. 战争的进步性与非进步性

由于受到社会历史条件以及哲学思维方法的限制，传统正义战争论存在三大局限。第一个局限是，传统正义战争论解释战争性质问题的出发点是立足于抽象的理性正义原则。第二个局限是，传统正义战争论评价战争性质的标准，主要局限于人性的层面，它把是否符合人性当作衡量战争是否正义的标准。马克思主义历史唯物论认为，“任何社会形态都是具体的、历史的，抽象的‘一般社会’是不存在的”①，它为马克思主义战争理论克服传统正义战争论中的局限性，提供了理论基础。基于此，马克思主义正义战争论强调要把对战争性质的判断放在一定的历史条件下具体情况具体分析，反对离开特定的历史条件，抽象地判断战争性质。

传统正义战争论的第三个局限是，它总是站在统治阶级的阶级立场上，来判断战争的性质。统治阶级总是偷换概念，在意识形态宣传上，把自己的阶级利益与人民的利益等同起来，极力淡化阶级不对等的矛盾真相，或是干脆用“人性”观念取代战争的“阶级性”。马克思主义理论认为，人的现实性本质是一切社会关系的总和。阶级关系是阶级社会最主要的社会关系，所以“人性”是从属于“阶级性”的。在此种认识的指导下，马克思主义战争理论揭露了传统正义战争论的虚伪性。它将战争从抽象概念中拿出来，和社会其他现

① 叶青.《马克思主义哲学基础理论研究》，北京：中国社会出版社，2007年1月，第150页

象联系起来，综合考察战争的性质，从而深刻揭示出战争的政治属性以及它的阶级本质。

列宁明确指出判断战争的正义性和非正义性，最重要的是反映一定阶级利益的政治标准，而不是传统意义上单纯的道德标准。换言之，主要是战争的政治目的和内容决定了战争的性质。毛泽东军事思想继承了列宁的这一观点，他将战争的进步性和非进步性作为判断战争性质的标准。

2. 引入阶级斗争观念

战争的价值观念，是人们对战争的社会功能及其作用的看法。中国农耕民族的文化属性，使得传统的战争观在价值取向上更多表现为对战争的厌恶，对战争的慎重，以及对和平的向往。“兵凶战危”“不战而屈人之兵”等观念，在中国传统战争观念中长期处于主流地位。“昭君出塞”等和亲故事和“岳飞抗金”等英勇作战故事在中国历史上都留下了厚重的印记，在某种意义上，农耕民族更倾向于前者的选择。中国这种泛和谐的战争价值取向，使得它对战争的价值认识比较片面、单一，没有做出更多、更深的阐释和研究。

中国革命的先行者孙中山，由于受其所属的资产阶级性质所限，虽然承认在一定时期内人类社会存在阶级，但他认为社会历史的发展主要靠阶级调和，而不是靠阶级斗争，只有阶级调和才是历史发展的推动力。马克思主义唯物史观则认为在阶级社会，阶级斗争才是阶级社会发展的直接推动力。毛泽东军事思想的战争价值观吸纳了马克思主义的阶级斗争观点，认为战争是解决所有矛盾的最高斗争形式。他在《中国革命战争的战略问题》中定义战争是：“用以解决阶级和阶级、民族和民族、国家和国家、政治集团和政治集团之间、在一定发展阶段上的矛盾的一种最高的斗争形式”。[①] 然后他又在《矛盾论》中进一步分析了革命战争的价值在于将政权返还给人民。他认为“在阶级社会中，革命和革命战争是不可避免的，舍此不能完成社会发展的飞跃，不能推翻反动的统治阶级，而使人民获得政权”[②]。毛泽东在区分战争性质的基础上，对战争价值所做的一系列论述，既是对传统战争观念的突破，又为中国传统战争理论增添了新的时代内容。

三、军事认识论和方法论突破了传统思维方式

毛泽东军事思想对中华民族文化基因的传承和改造，更多地反映在认识论和方法论方面。其中最重要的方面，就是毛泽东运用马克思主义基本原理，结合中国革命实践，对中国传统思维方式进行了创新，为其注入了科学的时代内容。

（一）对传统知行观的改造

由于中国传统的认识论从属于伦理学，古代中国关于知行关系的讨论一直被限定在道德领域内，这使得中国传统知行学说极具伦理道德倾向。譬如孔子的“未知焉仁”、朱熹的“格物致知”都是在强调伦理责任意识。毛泽东借用马克思主义的实践观，对中国传统知行观的道德范畴局限进行改造，它超越了传统伦理中心主义的价值观，将实践提到首要

① 《毛泽东选集》，第1卷第2版，北京：人民出版社，1991年，第56页

② 《毛泽东选集》，第1卷第2版，北京：人民出版社，1991年，第99页

位置。对于这一改造的重大意义，李达在《实践论解说》中这样评价："《实践论》是知行关系的唯物辩证法。中国以前的各种知行学说，在《实践论》中被扬弃了，它们的消极成分已被废弃，它们的积极成分是被保存下来的，并在无产阶级的革命实践中发展了。在这个意义上，《实践论》是中国知行学说的科学总结"。①

1. 与马克思主义实践观的相似性

虽然中国传统文化中的知行观与马克思主义的实践观不能简单地等同，中国对知行关系的讨论，重点关注的是道德意识和道德践履的关系，具有浓重的伦理色彩，但是传统知行观重视道德践履中也包含着实践理性的成分，"知先行后"的思想也表达出对实践的肯定。中国传统知行观发展到明末清初，已经达到一个比较高级的阶段。其中，对知行关系的理解，以及对"行"的理解已经和马克思主义实践观很接近。所以，当马克思主义理论传入中国时，传统知行观有资格成为中国传统文化和马克思主义进行融合的基础。不过，传统知行观只是局限于道德践履范围内，而马克思主义实践观则突出强调了实践的地位，并以超越自我、变革社会、实现人与社会的全面发展为目标。

2. 完成"行"的现代转型

中国传统知行观的特点之一是重"行"。但它包含的"行"，主要是把"行"局限在道德领域，它只能实现对主体的改造，而无法改造客观世界。尽管后来"行"的意义得到扩展，"治器"、

① 李达.《实践论解说》，上海：三联书店，1978年，第25页

"利用厚生"等生产劳动也属于"行"的范畴，但是对"行"的解读还停留在经验层面。孙中山受到西方思想启发，将对"行"的理解拓展为革命活动、科学实验，和生产生活的范围。这样实现了"行"的范畴部分转向近现代方向。但是他最终也没能概括出"行"的基本形式。

马克思主义的"实践"概念与传统中国的"行"含义有较大区别。"实践"是指人们改造客观世界的活动。它是主体与客体一种互动。毛泽东的《实践论》以马克思主义"实践"概念为基础，进一步将"实践"定义为"人类根据于一定的思想、理论、计划、方案从事于变革客观现实的活动"[①]。从而阐明了"行"的客观性和能动性。《实践论》还从历史唯物主义观点出发，认为实践具有历史性和社会性。这样就使中国传统知行观中的"行"摆脱了道德伦理的束缚，实现了"行"的现代转型。

3. 完成"知"的现代转型

认识论伦理化是中国传统知行学说的一项不足。传统知行观的"知"主要是指对社会、人生的认识，"知"被局限于道德领域，对其内部机制缺乏深入认识。"知"的主要任务不是探求自然知识，不是反映现实世界现象的本质和规律，而是认识道德原则。要克服传统知行观的这种缺陷，完成"知"的现代转型，必须划清"求善"和"求真"、道德修养和求知方法的界限。将传统的"知"改造为一般认识论的涵义，并在此基础上展开对"知"与"行"关系的研究。

---

① 《毛泽东选集》(第一卷–第四卷)，北京：人民出版社，1991年6月，第285页

毛泽东以马克思主义认识论的基本原则为依据，不仅改造传统“行”的范畴，而且科学阐述了“知”的范畴。他将“知”的范畴拓展为对改造世界有用的人的认识。这其中包含认知人和人之间关系、人与自然关系，认知社会、自然界等等。他还认为认识是从感觉到思维的过程，它的真正任务是了解客观事物的内部规律性。通过这样的改造，毛泽东把中国传统知行观中“求善”的“知”，转变为“求真”的“认识”，从而改正了中国传统知行观中“知”的狭隘性，实现了中国传统知行观的现代转型。

毛泽东提出的“辩证唯物论的知行合一论”，是马克思主义认识论与方法论中国化的成果，也对中国传统知行观问题的批判与总结。中国传统知行观经过毛泽东创造性的阐释，从“道德践履”真正转变为具有时代精神和意义的“社会实践”。

（二）推动传统思维方式现代转型

1. 马克思主义指导中国革命的前提

马克思主义与中国传统在思维模式上，存在着亲近感，具体表现在暴力革命、集体主义、入世精神、经世路径、社会实践等方面。这是马克思主义理论能够与中国传统文化无罅隙融合，在中国站稳脚跟的前提。马克思主义思维方式与中国传统思维方式的相似性主要体现在主客体的统一。

近代西方思维方式是沿着主客体分离的路径发展的，尽管它对人类认识的感性认识和理性认识两大阶段作了深入研究，并分别归纳为经验论和唯理论。但是这两种认识理论都存在不足，经验论太强调感觉经验，忽视了理性的作用，而唯理论又过于强调理性思维，忽视了感性的重要作用。这两种研究人类认识的方法都是基于认识主体进行研究的，研究对象都没有超出人的主观能力范围。康德的“知性”说虽然研究了感性经验与理性经验之间的关系，但还是遵循着从主观到客观的认识路线。黑格尔证明了思维与存在的同一性，但是对人的认识和思维研究的出发点还是主体本身。马克思主义实践思维方式的出现，是对近代西方思维方式的一种突破。它批判地继承了西方的理性主义，抛弃了西方以往主客体分离的思维方式。它从实践的角度出发，来理解思维和存在之间的关系，从主客体统一的角度，来解释世界的运行方式，并主张通过实践改变世界。在马克思主义理论里，实践从主体认识客体的一种活动，上升为主体认识世界的一种思维方式，由此彻底实现了思维方式的变革。

马克思主义的实践思维方式在思维路径发展上也有所突破，它摒弃了近代西方从理论到实践的单向思维路径，形成了一种从实践到认识，再从认识到实践的循环的双向互动路径。这种双向互动的思维路径与以前的单向思维路径相比，最突出的特点是，将认识世界与改造世界统一起来。

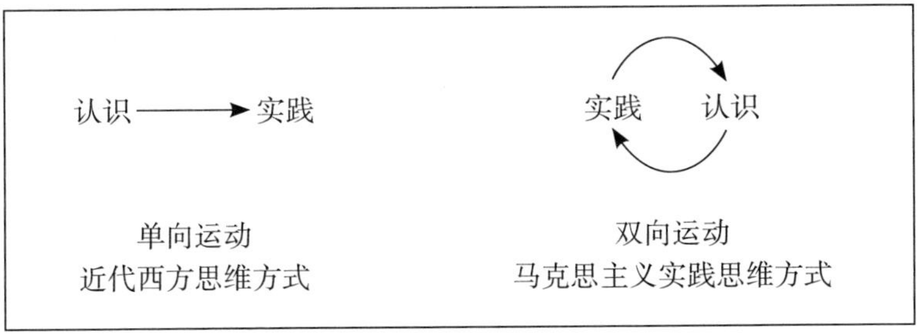

思维路径比较图

马克思主义理论的主要特点体现在它特别强调实践，这一点与中国传统注重践行的观念不谋而合。中国历代思想家几乎都秉持着经世致用的观念，认为理论认识一定要用于“治国平天下”的大事，也就是主张要把理论用来指导改造社会的实践。例如，孔子主张“学以致用”，韩非主张“参验”，朱熹主张“知轻行重”，王阳明主张“知行合一”，王夫之认为“知行相资以为用，并进而有功”①。虽然古人所说的“行”主要局限于道德践履，“知”主要局限于对社会、人生的认识，但是他们对认识和实践的互动关系还是十分重视的，体现出中国具有注重实践的传统。在这一点上，中国传统与马克思主义理论相契合，成为马克思主义在中国传播的思想文化基础。

2. 借助马克思主义科学思维，推动逻辑性、精确性思维的培育

中国传统思维的直观性、模糊性曾给中国带来早熟的文明和军事理论。但是进入近代后，这些特性却成为阻碍中国发展进步的根本因素。毛泽东军事思想运用马克思主义基本原理改造传统思维的不足之处，使中国传统认识论实现了质的飞跃。

（1）用马克思主义科学思维纠正中国传统思维重直觉感悟、缺逻辑论证的偏差

中国传统哲学家认为天地万物是浑然一体的，他们在认识对象时偏向于用直觉顿悟来把握事物，不是遵循一种逻辑思维过程，即从感觉经验到逻辑思维形式（包括概念、判断、

---

① 刘平凡.《传统知行观对政治理论课教学的借鉴作用——以王夫之知行观为例》,《职业时空》，2009年3月23日，第163页

推理、论证等）再到理性认识，而是直接依靠直觉和直观等非逻辑思维，思维的过程缺少逻辑归纳和演绎。传统中国认识论中，直觉被认为是最高级也是最重要的思维形式，逻辑思维不在传统认识论的感兴趣范围内。虽然重视直觉思维作为中国传统思维方式的特色，为创造中国早期灿烂的技术文明发挥过重要作用，但是对直觉顿悟的过于偏执，对逻辑思维的排斥，最终使它成为阻碍中国传统思维方式进步的重要因素。

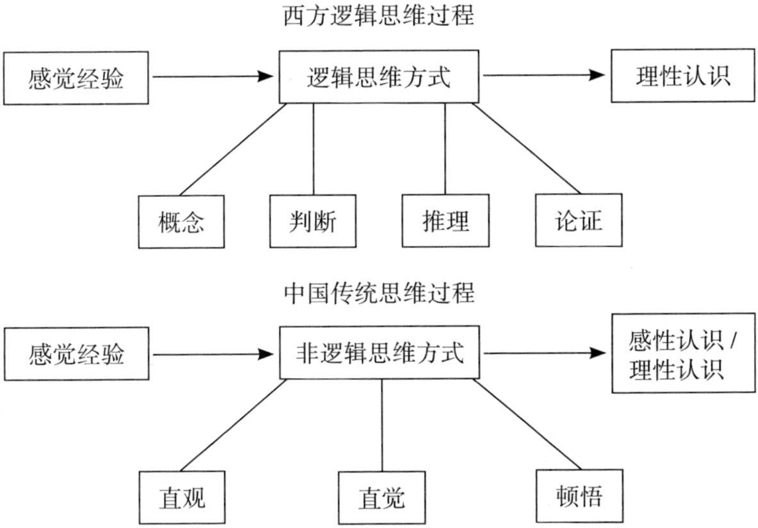

中西方思维过程比较图

马克思主义实践思维方式是在对西方理性思维方式传统的批判继承上产生的，它吸取了西方思维注重逻辑分析的传统，将对所有现象的分析都建立在逻辑分析的基础上。重视形式逻辑的作用，积极运用分析和归纳等逻辑方法，具有典型的逻辑性特征。

毛泽东在学习马克思主义实践思维方式的过程中，深入研究了认识发展的过程和机制。他得出结论是，“认识是遵循从感觉到经验，经过概念、判断、推理等逻辑思维形式而上升到理性认识，再由理性认识通过实践思维方式形成决策这一中介环节，再最后付诸实践的”[①]。这样就纠正了中国传统思维方式偏向非逻辑思维的局限，实现了对传统思维方式的超越。

（2）将传统直觉思维方式和马克思主义实践思维方式进行了有机融合

中国传统思维方式注重对事物的整体性把握，但是这种整体性是以牺牲精确化为代价的。中国传统思维方式多偏向一种笼统的直观，在表达思想观念时缺乏严格、系统、全面的概念表达，使用的概念多是没有明确定义的，还喜好用比喻、例证。这使得中国传统思维方式通过顿悟得到的某些重大发现，具有极大不确定性和偶然性。科学实践的发展历史证明，真正能产生科学价值结果的直觉思维，一般都有赖于长时间的逻辑思维，并且这种直觉思维的结果还要经过严格的逻辑论证，才具有科学意义。

毛泽东军事思想并不排斥直觉这种思维形式，但总体而言，它更强调逻辑思维。毛泽东军事思想的思维方式与中国传统军事思想的思维方式分属于人类思维的两个不同发展阶段。前者以对矛盾逻辑化的分析，替代了后者的直观模糊。毛泽东军事思想借助马克思主义军事思想的概念范畴，通过

① 于文娟.《毛泽东对中国传统哲学的超越》，湘潭大学，马克思主义哲学，2007年硕士论文，第11页

“去粗取精、去伪存真、由此及彼、由表及里”[①]的逻辑思维过程，重新诠释了中国传统军事概念范畴。它规范了传统军事思想中那些含义模糊的概念和范畴。通过这种形式的改造，把传统的整体思维提升为现代的辩证思维，实现了中国传统思维方式质的变革。毛泽东在《实践论》中特别强调逻辑和抽象思维重要作用，指出科学思维的基本方法是将分析与综合、归纳与演绎结合起来。毛泽东就是这样用科学的思维方式改造了中国传统思维方式，纠正了它缺乏逻辑分析的弊端，使传统思维方式既突破了原有感性思维方式的简单和直观性，又没有失去它原有的优点。

（三）通过批判经学思维使战争指导思想摆脱教条

1. 经学思维在革命战争中演变为教条主义、经验主义

思维模式的形成和文化环境有紧密关系。如果思维模式变为思维定势，它就和原来的文化环境丧失关联。如此，文化越来越难以影响思维模式，而思维模式却越来越可能影响文化。甚至有可能思维模式反客为主，主导文化走向。

经学思维方式一旦积淀成为中国文化深层结构的内容，就具有了顽强的自我生存能力，它对整个中华民族以及全体中国人形成强大的思维惯性。近代以来，中国经学思维方式的危害性越来越被人所认识，时常遭到批判，但它从未因此销声匿迹。只要有适合的时机，经学思维方式仍会以各种形式变换出现。“师夷长技”、“中体西用”、教条主义均是

① 《毛泽东选集》(第一卷—第四卷)，人民出版社，1991年6月，第291页

经学思维方式的再生形式。中国共产党从诞生起，就被教条主义这种新的经学思维方式纠缠着。只是教条的内容不再是中国儒家文化经典，而是转换为马克思主义经典。

教条主义和经验主义作为经学思维方式的两种表现形式，对中国革命的危害极大。教条主义表现在军事领域，就是迷信苏联军事专家，不认真研究中国革命战争的特殊规律，完全机械照搬国外的军事条令。第一次大革命失败后，中国共产党开始探索夺取中国革命胜利的道路，当时十月革命的成功，使苏联模式被各个国家共产党追认为是无产阶级革命唯一正确的道路——通过在中心城市搞武装起义，从而夺取革命胜利。中国共产党的一些领导者曾将苏联模式奉为经典，不折不扣地加以学习，完全机械地照搬苏联革命模式，将攻打大城市、夺取胜利作为中国革命的唯一路径。这种忽视中国具体国情和军情的做法，犯了将马列主义教条化的错误，使中国革命遭受巨大失败和损失。

2. 实践思维方式的确立，是对经学思维的及时纠正

经学思维模式阻碍了中国共产党人正确吸纳马克思主义理论，它在马克思主义中国化过程中表现为教条主义，使得马克思主义理论在中国经历了曲折的发展过程。马克思主义实践思维方式与经学思维模式最大的不同是，前者研究问题的出发点是客观实际，后者研究问题的出发点是纯理论。马克思主义中国化的程度，取决于马克思主义实践思维方式是否能够成功替代传统经学思维方式。马克思主义实践思维方式在中国的确立过程，也是对中国传统思维方式改造的过程。它使中国经学思维方式发生了创造性的转变。

毛泽东在《矛盾论》中通过批判主观主义和教条主义，创造出一种全新的思维方式。这种思维方式最主要的特点就是要探求事物的本质和内在规律。这就破除了传统思维方式的认知局限，更加强调了实践对认知的重要作用。毛泽东用肯定实践思维方式的形式，不断批判和超越经学思维方式。他在《反对本本主义》中强调了调查研究的重要性，在《实践论》中结合中国革命实际展开详细阐述。毛泽东军事理论的出发点和归宿一直都是解决革命中实际问题。在延安，他又正式提出“实事求是”观点，这标志着毛泽东实践思维方式的确立。

（四）将“经世致用”改造成“实事求是”

1. 毛泽东军事思想继承了“经世致用”的政治伦理特色

中国传统文化不同于其他文化体系的一个特色是它具有独特的致思趋向。中国传统文化十分强调“修身治国齐家平天下”，显示出浓厚的政治伦理特色。毛泽东的知识结构和受教育经历，使他在思维上继承了中国传统文化的政治伦理特色。毛泽东军事哲学不属于纯粹思辨哲学范畴，它主要是将传统的“经世致用”思维直接服务于毛泽东的军事实践，服务于领导中国革命战争。

毛泽东军事思想并不追求类似西方文化传统中浓厚的理性思维，也没有建立庞大而严密的理论体系（这种体系是从古希腊哲学到马克思、恩格斯乃至列宁那里都普遍存在的）。毛泽东军事思想的每一步发展都和中国革命紧密相连。它对马克思主义基本原理的具体运用，都是从中国革命最迫切的实践需要出发，并随着实践的深入不断发展。

2. 对马克思主义理论的选择体现出实用理性精神

毛泽东等共产党人对马克思主义理论的选择体现出实用理性精神。这表现在内容上，主要是接受当时中国革命迫切需要的，与中国传统文化中的有关内容相通、相合的部分。例如关于社会主义及共产主义的学说、阶级斗争学说、集体主义的思想原则、辩证的思维方式等。应该说，这种选择倾向反映出中国共产党人一种较强的实用理性精神。

近代中国人面临着诸如强敌入侵、国家与民族的危亡、人民的苦难等种种现实问题，那时的人们在接受马克思主义的时候，总抱着救国救民的目的。所以“五四”时期，当马克思主义最早传入中国的时候，中国人关注的并不是唯物辩证法，而是社会革命、阶级斗争等唯物史观的理论。而且明末清初以来，经世致用的实学传统影响较大，这些因素都迫使中国知识分子不太注重纯学术的理论。各种理论派别（东方文化派、科学派、进化论派、马克思主义者等）都试图通过对中学与西学的选择、吸收、改造，找到一条救国救民的道路。在这种救亡的大背景下，中国人不可能一开始就传播与研究马克思主义的唯物辩证法。马克思主义理论中，首先被中国人选上的是能解决根本问题的科学社会主义理论，其中又主要是阶级斗争学说。对于当时的中国而言，“改造世界”远比“解释世界”更符合社会的需要。

3. 以实践为检验理论的工具，培育实事求是的科学思维

毛泽东军事思想理论，主要是通过调查研究、尝试、失误、重新调查研究、重新运用这样一条基本途径形成和发展起来

的。理论和各种主义对毛泽东世界观的影响，远没有他亲身的实践体验冲击来的有效。毛泽东思想是随着他的阅读兴趣不断变化的。毛泽东思想第一次转变，是他从阅读儒家经典变为阅读革命派书籍。毛泽东思想的第二次转变，是他从阅读西方各种主义变为阅读共产主义书籍。除了从书本上获得对世界的认知外，毛泽东的亲身经历对他世界观的转变更为重要。他参与的各种社会革命活动，诸如领导工人运动等，深入中国农村调查研究等，都有效地帮助他完成世界观的转型。

毛泽东将传统的经世致用转化为马克思主义的实践观，他以社会实践、身体力行来求证各种理论的正确性。正是毛泽东在社会互助论、无政府主义等各种社会实验的失败，使他坚定了信仰马克思主义。为了更好地指导中国革命，掌握中国社会实际情况，毛泽东进行了广泛的社会调查。他完成了《湖南农民运动考察报告》等诸多调查报告，而且从认识论的高度明确了开展调查研究、坚持实事求是的极端重要性。他坚持认为，“中国革命斗争的胜利要靠中国同志了解中国情况”[①]。

（五）军事辩证法克服了传统辩证法的思维缺陷

由于中国长期处于专制集权的封建社会，生产力水平较低，军队的作战方式和武器装备更新缓慢。而且汉武帝独尊儒术后，社会思想受禁锢严重，在学术领域又弥漫着崇古之

① 《毛泽东选集》，第1卷第2版，北京：人民出版社，1991年，第37页

风，缺乏创新精神。因此中国传统兵学在基本理论上难有重大突破，即使其中蕴含着原始、朴素的军事辩证法思想，也没有形成严密的科学体系，唯心主义和形而上学还混迹其中。总体而言，传统军事方法论还停留在朴素、直观性层面，影响了中国古代军事思想的进一步发展。毛泽东军事思想对传统文化基因改造，很重要一方面表现在其克服了传统辩证法的思维局限。

1. 传统辩证法的思维局限：夸大同一性、否认变化

中国传统思维习惯用“阴阳”、“一分为二”等概念来表示事物对立统一的性质。中国古代对对立统一规律的认识过程，就是辩证法和形而上学不断斗争的过程。汉代以后，董仲舒“天不变，道亦不变”的形而上学占领了官方主流位置。《易传》关于宇宙生成论的思维模式既奠定了古代朴素辩证法的思维框架，也为形而上学埋下伏笔。这种以宇宙生成论为核心的本体论，极大影响了中国传统思维方式。它的局限性是夸大矛盾的同一性，忽视矛盾的斗争性，认为运动就是一种循环，事物存在和变化的根本是和谐与平衡。“中庸之道”就是思孟学派按照道德修养的路数，将“中”与“和”相结合的结果。即便是一些进步的思想家也没能摆脱这种思维的束缚，如王夫之，他也将同一性看作是自然界和人类社会的本质属性，“未有形器之先，本无不和，既有形器之后，其和不失”[①]。由于过分注重矛盾的同一性，忽视其斗争性，并人为割裂两者之间的辩证关系，中国传统辩证法陷入了循

---

① 刁玉峰.《从“协和万邦”到和平共处》，南京政治学院研究生论文，2006年11月15日

环论形而上学的泥沼。

中国传统辩证法的局限主要体现为“天不变，道亦不变”的思维。它之所以后来被形而上学所代替，主要是没能从事物的内部矛盾出发，来认识事物的发展变化，结果走向循环论、不变论的形而上学的发展方向。中国传统辩证法看到了事物发展过程中变动的方面，但是又认为事物的变化形式是有规则的。甚至认为这种变化是一种“物极必反”的、固定的、循环变化过程。

中国传统辩证思维的局限性是历史和时代造成的，它产生于中国农业文明基础之上，有着近两千年与农业文明密切相关的思维结构和运行形式。比如，中国传统辩证思维的“循环论”思维模式，是与中国农业生产的周期生长相联系的。中国传统辩证思维的“无条件论”思维模式，是与自然条件的不可控性相关联的。中国传统辩证思维方式的局限本来也是中国传统思维方式的特点，它是适应中国农业文明的产物。但是，进入近代以后，西方工业文明越来越成为时代精神的代表，中国传统辩证思维在于西方辩证思维的比较中，其局限性逐渐表现为一种重大的缺陷。

2. 毛泽东军事辩证法对传统辩证法的扬弃

造成中国传统辩证思维缺陷的一个重要原因是中国缺乏一个近代工业文明的洗礼过程。毛泽东在建构矛盾思维方式的过程中，通过汲取近代在中国广泛传播的进化论思想，提升了在中国革命实践过程中形成的军事理论，弥补了中国传统辩证思维的局限性，并实现了其形式的更新和发展，从而使中国传统思维方式获得了现代形式，实现了传统思维方式的现代化。

毛泽东将中国传统辩证法的“相反相成”与马克思主义辩证法的“对立统一”结合起来使用，让两者互为表达，互为解释。毛泽东把传统辩证法的“相反相成”创造性地运用于中国革命战争，为人民军队制定出机动灵活的战略战术。他在《中国革命战争的战略问题》《论持久战》中，引用了《老子》《孙子兵法》中带有辩证法思想的名言。并且在分析战争过程中进攻与防御、消灭敌人与保存自己、优势与劣势等关系时，都贯穿着传统辩证法“相反相成”的思想观点。毛泽东在继承传统辩证思维之上，又用马克思主义辩证法解释了同一性。他认为，通过斗争，对立的事物可以相互转化。

（1）《矛盾论》用“新陈代谢”取代循环论

唯物辩证法最根本的矛盾法则是对立统一法则，它在认识外部矛盾的同时，更加强调内部矛盾，认为内部矛盾才是推动事物发展的根本原因。毛泽东发展了中国传统辩证法中注重质变，重视飞跃与变化的这一部分内容。他通过对中国传统辩证法中“苟日新，日日新”[①]等包含着进步思想的强调，摒弃了它所包含的消极方面，即传统辩证法所包含的反对革新、因循守旧的方面。在矛盾转化问题上，毛泽东的《矛盾论》继承了中国传统辩证法思想。他不仅运用古代辩证法作为解释矛盾转化的素材，而且对传统辩证法的精神实质给予了肯定。中国古代矛盾观主张类似“否极泰来”这种不断反复的观点，具有循环论特点。对此，《矛盾论》利用唯物辩证法

① （春秋）孔子等.《四书五经》，沈阳：万卷出版公司，2008年5月，第4页

给予科学改造，认为“新陈代谢是宇宙间普遍的永远不可抵抗的规律”[①]。毛泽东还以矛盾分析为主线，研究了军事领域中的一系列概念、范畴（例如敌我、优势与劣势、保存自己和消灭敌人、全局与局部、进攻与防守等），及其相互依存，在一定条件下的相互转化。

（2）破除“矛盾凝固论”

在中国思想史上，从董仲舒到朱熹看上去好像都承认矛盾。他们宣扬阴阳动静观念，有的甚至认为事物是运动和变化的。但是实质上他们不承认矛盾转化，不认为旧事物可以转化为新事物。他们倡导的是“矛盾凝固论”。毛泽东尤为强调矛盾转化对于发展的重要作用。他认为发展是新旧矛盾转化其主次地位的过程。毛泽东一方面肯定老子的矛盾转化观，另一方面又突破了它的局限。这种突破表现为在阐述矛盾转化时，不断突出转化条件的重要作用。

同时，毛泽东实现了对“天不变，道亦不变”的理论超越。传统“天不变，道亦不变”观念将“天”与“道”视为矛盾对立的两方，它在形式上承认矛盾对立双方的存在，也承认矛盾对立双方有主次的差别。可是，它本质上是不承认矛盾对立双方存在互相转化的可能。它固化了矛盾对立双方的主次地位。“天道观”对矛盾的这种处理方式，实际是在为封建等级制度的合理性提供理论依据。在《矛盾论》中，毛泽东将矛盾转化理论运用到对批判封建“天道观”的过程。他认为：“只有现在的和历史上的反动统治阶级以及为他们

---

① 《毛泽东选集》（第一卷—第四卷），人民出版社，1991年6月，第332页

服务的形而上学，不是把对立的事物当作生动的、有条件的、可变动的互相转化的东西去看，而是当作死的、凝固的东西去看”。[①] 这说明毛泽东已经把握了传统矛盾观问题的实质，他认为唯物辩证法的革命性主要体现在矛盾转化的理论中。

（3）对传统矛盾观认识上升到理性思维层面

在唯物辩证法的理论指导下，毛泽东将中国传统辩证法改造成为具有现代形式和现代意义的辩证法。这主要得益于毛泽东对传统辩证法缺点的清醒认识。在分析传统矛盾观时，毛泽东认识到它的不足，主要是阴阳概念不能脱离实体性的限制。这就造成传统辩证法对矛盾的认识，一直停滞在直观思维层面。因为认识没有上升到理性思维层次，所以传统辩证法不能看清事物的本质属性。在学习唯物主义辩证法的基础上，毛泽东将传统矛盾的阴阳概念替换为具有抽象理性形式的对立统一关系。通过这种概念转换的形式和内容的改造，他使中国传统思维方式由古代的感性直观转变为到现代的理性抽象。

四、建军思想实现了对传统农民军队的革命性改造

毛泽东军事思想对中国传统军事文化基因的改造表现在诸多方面，其中一个重要方面是如何建设一支真正的人民军队。为此，毛泽东等老一辈共产党人做出了艰辛的努力，形成了既不同于西方或苏俄，也不同于中国历史上的军队建设理论。

---

① 毛泽东，《毛泽东选集》，第1卷第2版，北京：人民出版社，1991年，第99页

（一）建设全心全意为人民服务的无产阶级军队

1. 中国不具备真正意义上的无产阶级，中国革命的主体实质是农民军队

中国革命战争的主体是农民，它既不同于西方战争的主体，也不同于俄国十月革命的主体，这是十分鲜明的中国特色。马克思主义是被西方文化带进来的，但是马克思主义又是建立在批判和反思资本主义制度之上的。虽然中国传统文化遭到西方文化的猛烈碰撞后，曾一度迷失方向，但是马克思主义理论引领中国共产党人深刻认识到资产阶级的软弱性和资本主义制度的缺陷。在具体分析中国国情后，中国共产党终于认识到中国革命的主体不是西方鼓吹的资产阶级，也不是十月革命中的工人阶级，而是具有中国革命独有的特点。中国社会占人口绝大多数的农民才是中国革命的主体。但是农民又是受到中国传统文化影响至深的人群，要发动他们进行革命，就必须通过改造中国传统文化基因来改变他们旧有的思想观念。如此看来，真正的中国无产阶级军队，既不是西方的，也不是传统的。它是马克思主义与中国革命的具体实践及其人民大众的精神紧密结合的产物。

马克思主义历史唯物主义认为，新阶级的成长是要以新生产力的发展为前提的。1840 年以后，受西方资本主义经济入侵的影响，中国资本主义生产方式逐渐发展起来。在近代工厂所在地，产生了城市资产阶级和城市无产阶级。但是这些变化，并没有从根本上改变中国以小农经济为主的生产方式。尤其在广大农村，农民还是依附于土地，封建的生产关

系没有改变。资产阶级和无产阶级只能在中国为数不多的大城市存在，在广大的农村没有生存的环境和条件。据统计，1921 年以前，中国只有 1759 家近代工厂，557622 名工人。中国这种特殊的国情决定了中国的革命和建设都离不开占全国人口绝大多数的农民。

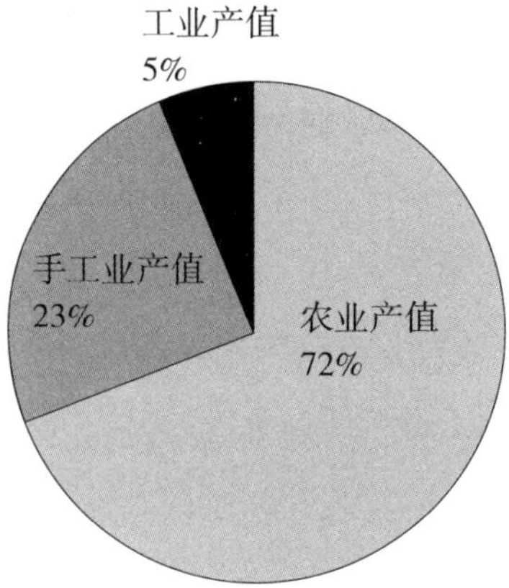

1902 年中国工农业产值比较图

大革命失败后，中国共产党人从“城市中心战”的接连失利中认识到，在中国要想取得革命胜利，仅仅依靠工人阶级是难以实现的。当时中国的“现代产业工人不到 300 万，大约占全国总人口的 0.7%，而中国的农民则占总人口的 80%，其中贫雇农占农村人口的 70%”[①]。这些为数众多的农民深受“三座大山”的压迫，具有强烈的革命要求，是中国革命最广泛的动力，而且相比较城市而言，农村是当时敌

① 王法安.《中国共产党的军事大智慧》，国防，2011年第7期，第8页

人统治比较薄弱的地方。正是基于这种科学分析，毛泽东等中国共产党人把革命的注意力转向了农村。以农村包围城市的路线为指导，不断开辟农村革命根据地。随着党的工作重心转向农村，军队兵员的主要来源逐渐变为农民。初创时的红军来源绝大多数是农民，下级干部和战斗员中大多都是工农出身，其中代表真正无产阶级的产业工人只占很小一部分，绝大多数还是贫农和中农。罗荣桓回忆秋收起义部队时曾指出，当时起义队伍主要是由农民组成。随着农民逐渐成为中国革命战争的主体，农民所固有的传统观念，潜移默化地从各个方面对中国革命发生巨大的影响。

2. 红军中存在普遍而严重的农民起义军习气和传统

红军的来源以农民为主，还夹杂着许多小资产阶级和旧军阀军队的士兵。由于人员成分复杂，红军内部涌现了大量非无产阶级的思想意识，主要表现为如下六个方面。

第一，单纯军事观点。主要是认为建立和巩固农村根据地是地方党的工作，不归军队管，军队就只管打仗。不重视军队中的政治工作，认为政治工作是依附军事工作的，其效果评定由军事工作来决定。第二，极端民主化观点。漠视组织的重要性，将民主集中制变得无原则性。诸如“由下而上的民主集中制”，“先交下级讨论，再由上级决议”[①]。第三，绝对平均主义。主要是将绝对平均主义等同于平等。第四，主观主义和个人主义。主观主义主要表现为机会主义和盲动主义。个人主义主要表现为不注重集体组织利益，只看重个

---

① 姜耀武.《论古田会议在中国共产党思想政治教育史上的地位》，东北师范大学硕士论文，2002年10月1日

人利益。没有革命主人翁精神，害怕去艰苦地区工作。第五，流寇思想。主张打游击战，不愿建立根据地。军事上表现为“左”倾盲动主义。它导致了井冈山的“八月失败”[①]。第六，军阀主义思想。红军在创建初期，大量战士是从封建军阀部队里转变过来的，部队沿用了旧军队管理方式。军官和士兵的待遇相差很大。军官吃小灶，而士兵却吃不饱。军官还经常打骂士兵。军官对士兵没有纪律约束，平时纵容士兵行为。这些非无产阶级思想和作风，影响到红军与群众的关系，制约了红军战斗力的发挥。它对中国共产党的建设和发展、对执行党的正确路线妨害极大。

3. 如何把一支农民军队改造成无产阶级军队，是摆在中国共产党人面前的重大历史任务

红军初创时，兵员的结构特点和城市中心战的破灭，使得探索如何把以农民为主体的旧式军队改造成为中国共产党领导下的新型人民军队，成为关系着红军能否立足和中国革命前途的重大问题。这个问题对于中国共产党而言是一个崭新的课题，因为苏联并没有给出现成的答案。

要把以农民为主要成分的军队，改造成无产阶级的革命军队。为了使他们摆脱农民的狭隘思想观念，成为坚定革命者，就必须对其进行理论的灌输、思想的启迪和行为的规范。马克思主义是无产阶级革命的理论工具，它主要是针对工人阶级进行理论教育。工人阶级一般在工人运动中运用马克思主义理论指导他们的斗争。马克思等革命导师也不认为农民能

① 主要是指红二十九团教条执行湖南省委“向湘南发展”的决定，孤军冒进湘南，在郴州与敌人贸然交战，结果遭遇全团覆灭。这一事件史称“八月失败”。

成为马克思主义理论的接受者。但是，在中国革命实践过程中，马克思主义理论普及过程所遇到的现实问题是，革命的主体是农民。要想让马克思主义正确指导中国革命，就只能正视这个现实，让广大农民接受马克思主义理论的教育。因此，探索如何让农民接受马克思主义理论教育也是中国共产党人的一项重大任务。

中国共产党在革命实践中探索如何建设人民军队，经历了雏形期、发展期和定型期。其中，“三湾改编”奠定了新型人民军队的基础。它主要的贡献是“支部建在连上”、民主制度和党代表制度。这些成为新型人民军队与旧式军队一条清楚的划分界限。旧军队的消极思想观念被逐一改造。古田会议决议确立了党对军队的绝对领导原则。它肃清了“中国社会上军民对立、官兵对立、党政军对立的腐恶痕迹”①。

（二）改造农民军的实质是为传统军事文化基因注入新的因子

1. 传统军事文化基因中关于掌握军队的封建意识和思想

中国古代军队具有浓厚的封建意识，具体表现为四个方面。

第一，把忠君勤王和捍卫封建礼教作为建军宗旨。纵观中国历史，历代统治者都非常注重对军队和军人施行文化与政治教化，确保军人思想上绝对忠于朝廷和国君。儒家孔子忠君思想的价值取向成为古代军人价值观的核心内容，它要求个人、家庭、爱情服从于社稷、君主的利益。朝廷选将和

---

① 王建强.《毛泽东对人民军队建军原则的历史贡献》,《军队政工理论研究》，2013年第6期，第23页

军人培养也不是纯粹以武功和才能为标准，而是把儒家伦理道德放到重要位置，要求文武兼备。曾国藩为了强化军心，提倡用儒家的封建伦理观念融合等级观念来治理军队，从而训练出听命于自己的军队。袁世凯及其下属段祺瑞、冯国璋等在用西法操练提高军事技术水平的同时，也注重通过封建道德旧观念统一官兵思想。为此，他针对多数士兵不认字的情况，特别创作了通俗的《劝兵歌》，教导士兵效忠于他。

第二，历代君主高度重视对军权的集中，都主张将从中御，将军队的调动权、作战指挥权高度集中在皇帝手中。秦汉以后，中国的封建君主专制统治已经确立，同政治上的高度集权相一致，建立起了一套与之相适应的军权控制机构和制度。唐宋时期，随着中央集权的强化，对军权的统御不断加强。

第三，“兵为将有”。中国古代的最高统治者为了统治的牢固，想把军队建设的一切事务掌控手中。但实际上历朝历代，还是诸侯、将帅直接掌握着大部分军队。皇帝对军队的控制不是直接的，他只能通过控制将帅间接实现，而且皇帝控制将领主要靠个人恩信。到了近代，“兵为将有”逐渐发展为私人武装。曾国藩的湘军就带有浓厚的地方和私人色彩。湘军由主帅挑选将领，形成只对统帅一人效忠的私人军队。李鸿章的淮军、袁世凯的新军都是对曾国藩湘军模式的一种延续。这些“兵为将有”的私人军队模式，最终导致民国时期的军阀混战与割据。

第四，将血缘、地缘关系作为管理军队的手段。袁世凯用封建思想拉拢部下有这么三种形式：一是与将领、部属结成封建宗法关系；二是施部属以厚恩；三是以金钱收买，巧施小恩小惠。民国军阀管理军队的方法基本继承了旧式军队家长制模式。在军队中提倡愚忠，官兵之间依靠人身依附关系维系。蒋介石也通过各种手段企图将各派系部队全部收编为自己的私人军队，但没有核心价值观指导的国民党军队最终还是因为派系斗争，走向失败。

2. 毛泽东关于建设人民军队的思想与传统封建思想的根本性区别

毛泽东关于人民军队建设的核心是，建立由共产党领导的新型人民军队。所谓"新型"就是指要彻底消除封建旧军队的一系列弊端。所以消除封建军队思想积习，从建军开始就作为一项关系军队性质和命运的头等大事来对待。

人民军队与旧军队的不同，集中体现为党的政治工作和党对军队的领导有了创新性发展。在广东战争和北伐战争中，中国共产党就参与了对旧军队的改造工作，在军队中设立了党代表和政治机关，开展革命政治工作，使官兵之间、军民之间加强了团结，这是中国军队有史以来所没有过的。经过三湾改编、古田会议后，红军确立了党对军队的绝对领导。从此，红军和旧式军队划清界限。它不再是效忠某个人的私人军队，而是服从党的领导。民主集中制原则将军队的领导权归属到集体。这样，中国共产党从根本上解决了旧式军队"兵为将有"的难题。新型人民军队是从组织和制度上对旧式军队的一种创新和突破。

毛泽东认为，人民军队与旧式军队还有一个重大不同。它就是全心全意为人民服务的宗旨。这是建设人民军队的基本方向，也代表了人民军队的本质。人民军队是以国家、民族和人民的根本利益为其出发点。1945 年，朱德在党的七大关于军事工作的报告中曾经这样总结："过去和现在，却有两种军队。一种是把人民群众组织起来，武装起来，训练起来，去替剥削阶级和它们的国家服务，这样的军队就成了反人民的军队；另一种是把人民组织起来，武装起来，训练起来，其目的是保卫人民利益，替人民服务，这样的军队就是人民自己的军队"。[①]

总体讲，毛泽东为军队建设注入新的文化基因因子，这些新的基因因子可以概括为：一是坚持无产阶级政党——中国共产党的绝对领导，使中国武装力量永远置于先进政党的领导之下；二是坚持全心全意为人民服务的宗旨，使中国武装力量永远成为代表和执行中国人民根本意志的暴力集团；三是坚持用马克思主义理论教育部队，使人民军队永远保持理论的清醒和政治的自觉；四是坚持一系列科学的组织原则和管理制度，使人民军队的性质永远得到组织保证和制度保证。在毛泽东和中国共产党的领导下，人民军队成为中国历史上第一支新型的军队。

---

① 中共中央文献研究室朱德研究组.《朱德》，成都：四川人民出版社，2009年4月，第202页

第五章　历史转型与中国军事思想文化基因

所谓历史转型，特指“文革”结束至今的历史时期。它有三个鲜明的历史标识，即改革开放导致的中国社会转型，世界新军事革命导致的中国军事转型，“高新远边疆”战略导致的中国发展转型。这三个历史标识是相互交融、不可分割的历史进程，对中国军事思想文化基因的传承与变异产生了前所未有的革命性和历史性影响。

一、改革开放对中国军事思想文化基因的影响

1978 年 12 月党的十一届三中全会召开，拉开了改革开放的历史大幕。中国社会包括国防和军队建设进入了一个崭新的历史时期。改革开放是一场深刻的革命，它对中国军事思想文化基因的传承、改造和重组同样产生了全方位的影响。

（一）对军事思想文化基因的正面影响

改革开放使中国社会各个领域（包括军事领域）都迎来

了空前全面的思想大解放，表现为既冲破了“文革”思想的禁锢，又全面学习了西方先进的思想观念，国防和军队建设理论和实践都取得了极其丰硕的成果。

1. 冲破“文革”思想禁锢

作为真理标准大讨论的结论，“实践是检验真理的唯一标准”具有破旧立新的意味。它不仅冲破了“两个凡是”对人们思想的禁锢，破除了长期个人崇拜的迷信，使人们逐渐摆脱“唯上”“唯书”等传统观念的束缚，而且将一切从实际出发、“实事求是”等观念推到了社会思想观念的主流。随后，邓小平提出“三个有利于”的判断标准，为社会大变革指明了方向。它破除了市场是资本主义专有的陈旧思想观念，消解了“姓资姓社”的争论，打破了资本主义和社会主义的绝对对立，承认资本主义也有值得借鉴之处。以市场经济的实践挣脱了计划经济体制的束缚，树立起积极进取、开拓创新的精神，将传统的社会主义观念转化为社会主义新观念。随着改革开放的展开，人们原来思想领域的思想禁锢一一被打破，开始由封闭观念转变为开放观念；由墨守成规转变为改革进取；由革命思维转变为改革思维，不再搞阶级斗争，开始强调发展是硬道理；摆脱了高度统一模式的限制，增强了个体思想的独立性；打破了“文革”时单调统一、个人崇拜的思维模式，人们的思想观念开始由一元化转变为多元化，加大了思想观念的选择性，增强了对个体思想观念差异性的包容度。

2. 学习西方先进的思想观念和建设发展经验

改革开放后学习西方国家建设和发展的经验，萌发了中国大地包括军事领域的理论和实践的一系列新变化。

第一，改革开放带动了经济快速发展，在这一过程中人们的竞争意识、效率意识、创新精神和民主法制意识得到增强。其中市场经济的竞争意识、效率意识打破了过去吃大锅饭的绝对平均主义思想，冲击了计划经济体制下的懒汉思想，使人们从因循守旧的保守思想中清醒过来，鼓励人们勇于进取。市场经济倡导的公平竞争理念，破除了封建等级观念，形成了民主法制观念。

第二，“科技是第一生产力”的观念深入人心。20世纪是科学技术引发社会生产力产生巨大飞跃的世纪。改革开放后，邓小平十分重视科学技术对于促进生产发展和社会进步的重要作用，在阐释了向西方文化学什么时，他特别指出：“任何一个民族、一个国家，都需要学习别的民族、别的国家的长处，学习人家的先进科学技术。”[①] 他在1988年9月第一次提出“科学技术是第一生产力”。随着这一思想观念的普及，尊重知识和尊重人才成为社会共识，重视科学技术和教育也提高到战略地位。

第三，改革开放使中国人树立了全球化视野。在发展社会主义市场经济过程中，逐渐认识到融入全球化经济大潮的重要性。而这种不断开放的全球观念使人们摆脱以往狭隘保守的心态，激发人们更加积极进取。对待外来文明的态度，由过去的盲目仇视、排斥，转变为更加理性辩证地分析、取舍。

① 《独立自主不是闭关自守 自力更生不是盲目排外》，《决策与信息》，1997年第8期，第33页

3. 国防和军队建设指导思想的战略性转变

改革开放后，随着邓小平对“和平与发展是当代世界的两大主题”[①]这一时代判断的确立，中国国防和军队建设突破了从前“早打、大打、打核战争”的战争思维模式，逐步转到和平时期建设上来。军队建设服从服务于国家经济建设大局，军事斗争准备指导思想也从应付全面战争转到应付局部战争，从全面战备转入和平时期的建设轨道。客观地讲，当时“军队要忍耐”，军队建设为经济建设让路，具有相当合理的成分，把经济建设搞上去，是为国防和军队建设奠定坚实物质技术基础的必然要求。随着形势的变化，党中央逐步提出“统筹经济建设和国防建设”，“在建设小康社会的进程中实现富国与强军的统一”[②]等重大战略思想，国防和军队建设取得了历史性的伟大成就。

（二）对军事思想文化基因造成空前冲击

改革开放给中国带来了巨大的发展机遇，世界先进文明成果被吸收的同时，其附带的消极方面，一些资产阶级腐朽思想文化也乘虚而入，严重影响了中国社会包括军队的价值观和思维方式。对此，邓小平同志曾指出，“改革开放的窗户打开了，既有新鲜的空气扑面而来，也会有‘苍蝇’、‘蚊子’飞进来”[③]。

---

① 高连升.《邓小平新时期军队建设思想发展史》，北京：解放军出版社，1997年12月1日，第260页

② 《胡锦涛在中国共产党第十七次全国代表大会上的报告》，北京：人民出版社，2007年10月15日，第41页

③ 《两个文明一起抓》，《赣江经济》，1986年第1期，第25页

1. 意识形态领域出现“没有硝烟的战争”

从“意识形态”作为一个概念被法国哲学家德·特拉西在 19 世纪提出之后，它就成为了一个带有强烈政治色彩的词语。不可否认的是，现代民族国家的发展史、现代国际政治发展史等都与意识形态有着十分紧密的联系。尤其是以马克思主义为代表的无产阶级思想在全世界兴起，并与资产阶级思想形成鲜明对立之后，在世界范围内，意识形态领域的重构、竞争和斗争就演进到了一个新的阶段。二战之后到冷战结束之前，可以看作是其最为激烈的冲突阶段。当国际上以美国为首的主要资本主义国家组成的“北约”，与以苏联为首的社会主义国家组成的“华约”进行了长达几十年全面对抗之时，两大阵营在意识形态领域的激烈斗争交锋也从未停止，其斗争的规模和激烈程度也在人类历史上罕有。

伴随着冷战后经济全球化的巨大浪潮，不同意识形态国家间政治理想、价值观念、执政治国理念等矛盾和冲突仍未有片刻停歇。围绕执政治国理念、政治制度选择、民主自由人权等思想观念，社会主义与所谓的民主社会主义、马克思主义与各种非马克思主义和反马克思主义，始终在进行着交锋、较量和斗争，不可调和、无法缓解。

改革开放，中国打开国门，以开放的心态拥抱世界，东西两种意识形态阵营貌似结束了战斗，但事实上西方敌对势力意图以“没有硝烟的战争”，导致中国西化、分化的“和平演变”行为从未停止过。东欧剧变、苏联解体后，这种趋势更是愈演愈烈。美国前总统尼克松曾在《1999：不战而胜》中露骨地估计对中国的“和平演变”不久将实现。他们极力鼓吹军队非党化、军队国家化等错误观点，妄图改变我军的根本性质，动摇党对军队的绝对领导这一根本原则。还将我国改革过程中出现的问题困难（例如腐败问题）渲染夸大，企图激化我国内部矛盾，从而达到颠覆社会主义制度和中国共产党领导的目的。

在意识形态领域正在发生的这场“没有硝烟的战争”中，西方国家改变了冷战时期的一些做法趋向，正在试图以新的手法打赢“争夺头脑”的战争。归结起来有以下新的特点：

一是思想意识形态的争夺由重点人物和要害部门向全方位全领域延伸。冷战时期，西方国家对苏联的意识形态进攻主要是针对领导层，即通过改变领导层的思维来改变政治权力构成和政治制度模式，戈尔巴乔夫的“新思维”就是例证。随着苏联解体、社会主义阵营瓦解，在面对新的国际政治敌手时，西方国家逐渐将人权、自由、民主和普世价值标准等价值观思想包装成为意识形态武器。

二是意识形态的渗透由上层建筑政治观向深广层面的思维方式方法等价值观推进。西方一些意识形态操纵者已经认识到，对普通大众来说，政治是上层建筑的宏大而遥远的概念，与日常生活感性联系不深，不明白也不愿意去搞明白，而生活方式和价值观等是与大众联系最为紧密的，因此，向敌对国家输出生活方式和价值观，是意识形态领域渗透颠覆的最佳办法。从近年一些被策反官兵的情况看，生活方式和思维方式的西化是被策反的主要动因，有些人甚至不是为了金钱而出卖情报，而是升格到了要摧垮共产党领导和社会主义制度的“情怀理想”，这种现象值得深思。

三是意识形态宣传方法手段多样翻新。应当承认，当前我们在国际上意识形态宣传层面的话语权还不够强势，一些宣传手法甚至是宣传理念都是较为落后的，较难像西方强势媒体一样取得意识形态领域的强势话语权和宣传效果。西方国家在意识形态领域的进攻方式越来越感性化、载体化，依附于中国社会转型期内的矛盾爆发而借势发酵，在党群、干群、军民等关系产生社会矛盾问题时，操纵议题、设置诡辩、扰乱视听、挑唆乱局，近年来一些涉军的社会案件在网络民间持续发酵背后，就有西方的幕后黑手。另外，其途径多样化还体现在选取代理人，目前国内很多活跃的经济学者大多在美国福特基金会接受培训或资助，他们带着西方价值观在网络社交平台上的鼓动，不可能不对我们处在价值观成长期的青年军人产生各种不良影响。

2. 市场经济趋利性造成金钱至上的价值观扭曲

改革开放三十多年来，我们对市场经济的认识是一个逐步加深的过程，从畏惧到接受、再到逐步借鉴吸收和改革，可以说，我国今天经济繁荣和综合国力的惊世成就和学习市场经济是密不可分的。但市场经济的缺陷亦不可忽视，市场经济对经济总量的平衡、宏观经济结构的调整、生态平衡和环境保护等方面的调节显得无能为力，市场经济的自发作用容易造成经济失衡或出现盲目性，导致资源浪费，市场规律会引起贫富差距扩大和两极分化现象，对社会大众的文化、思想等价值观冲击更是值得深思。

随着改革开放的深入发展，社会利益关系经历了大调整，利益主体趋于复杂，资产阶级的价值观伴随着商品经济源源不断输入，强烈冲击着传统的价值观念。美国总统布什曾放言："没有哪个国家在接受美国的科学技术时，能够同时拒绝美国的价值观念。"[①]趋利性是市场经济固有的弱点，在市场经济条件下，很容易滋生出一切向钱看、金钱至上的价值观。这种拜金主义观念从商品拜物教发展而来的，而市场经济是拜金主义存在和发展的土壤。它逐渐从经济领域泛化到社会其他领域（包括军事领域），以至于人际关系、社会关系往往被简化为金钱利益关系。拜金主义的泛滥不但淡化了整体观念、组织纪律观念、社会责任感，而且驱使一些人为了经济利益，不惜牺牲党的利益、人民的利益乃至国家利益，个人利益至上成为一切行为以及衡量问题的唯一价值尺度。

以"形式主义、官僚主义、享乐主义、奢靡之风"为代表的"四风"问题，归根结底可以从市场经济趋利性造成的价值观扭曲上找到答案。毫不讳言地讲，"四风"问题是很长一段时期以来我军在和平环境下的"顽瘴痼疾"，也是其他诸多问题和弊端的源头。在这种扭曲的价值观念下，必然会严重危害军队的现代化建设和军事斗争准备，严重阻碍部队战斗力提高，严重破坏部队团结统一，从思想的根本上动摇如何立身做人、为谁服务、为谁当官的问题，就会发生针对基层部队的不正之风。像郭伯雄、徐才厚、谷俊山等军中大蛀虫这样的案例，是对我军的反面警醒，时刻警示着我们丧失正确价值取向后，对我军的巨大危害。

---

① 方立.《美国全球战略中的文化扩张与渗透》,《报刊资料》，第17期，第17页

3. 资产阶级自由化思潮与马克思主义争夺思想观念的高地

苏联解体东欧剧变，社会主义运动在世界范围内遭受挫折，马克思主义开始遭遇质疑。而改革开放不断向纵深发展，马克思主义作为主流思想观念的地位不断减弱，使得资产阶级各种非马克思主义思潮开始泛滥，其中表现突出的就是资产阶级自由化思潮。它是以恢复资本主义制度为目标，在不同社会领域表现为不同形式。在政治领域表现为民主社会主义，要求实行多党制；在经济领域表现为新自由主义，要求私有化；在价值观领域表现为“普世价值”，其在不同时期有不同侧重点。它们企图以超政治的“自由、民主、人权”作为评价中国政治、经济、文化、军事各方面的标准。它们的主要任务就是和马克思主义争夺思想观念的市场，企图让我国放弃社会主义道路，转而走西方的资本主义道路。

4.“和平积习”对我军优良传统和价值观遭到巨大冲击

抗战时期，美国新闻记者采访团到延安实地考察之后断言：“中国的希望在延安！”爱国华侨陈嘉庚依据在国统区和延安的见闻也得出结论：抗日救国的希望在中国共产党和他领导的人民军队。古语讲“成由勤俭败由奢”，这不仅是政党兴衰轮替的一条规律，也是一支军队兴衰的前殷之鉴。

艰苦奋斗、无私奉献、顽强战斗、不怕牺牲等曾是我军在革命斗争中积累下来的优良传统，但在市场经济诸多消极思想观念的冲击下，这些好的传统受到侵扰。具体表现为，个人利益至上导致许多官兵献身国防的热情下降；资产阶级生活方式的多样化选择和诱惑，降低了军人的荣誉感；拜金主义不断消解军队官兵牺牲奉献的精神动力，在 20 世纪 80

年代到 90 年代曾出现全军性的经商活动，客观上腐蚀了军队的纯洁性，不仅降低军队作战力，而且造成军队内部思想价值观念极度混乱。

归纳起来，这种“骄奢淫逸的和平病”对我们这支军队的冲击体现在以下几个方面：

一是与我军的性质宗旨不符。我们这支军队来自于人民，力量的根基在于人民，服务的对象也是人民，这是我们可以压倒一切困难取得胜利的根源。革命战争年代人民群众“毁家支前”，就是因为我们这支军队能够“吃苦在前，享受在后”，敢于为了人民的利益牺牲一切、压倒一切。和平时期，军队虽然为国家经济建设发展提供安全保证，但安全支撑的基础是全社会公众百姓的大力支持，这就决定了我们这支人民的军队没有骄奢淫逸的权利。试想，当豪华军车遍地，高档酒楼军人食客盈门，大街上骄奢军人横行之时，谁还愿意倾力拥护这样一支“八旗”式的军队？从另一方面讲，虽然现代战争是高技术的较量，不需要人民群众像当年那样“毁家支前”，但远离人民群众之后，忘却了我们这支军队的性质宗旨，官兵就会陷入“为谁而战，为谁胜利”的迷思，就会丢掉牺牲奉献的精神基础。

二是与我军的使命任务不符。翻看中国革命史，就是一部党史和军史的合集。在漫长的革命和建设历程中，我们军队的使命任务和党的使命任务是高度重合的。在当代中国的转型期，矛盾叠加和集中爆发，导致党群关系和干群关系在一定程度和范围内下降，这种情况下，作为党领导下的人民军队，我军的使命任务既要保证国家安全，更要带头在人民群众中树立良好形象和信任。而长期的和平环境下，陷入“骄奢淫逸的和平病”，丧失党的工作队、宣传队、战斗队的职能使命，必然动摇党的执政根基，消解我军履行使命任务的能力。

三是与我军的优良传统和战斗精神不符。军队是一个牺牲奉献的特殊职业，我军历史就是一部牺牲奉献史，拥有高尚的精神追求是我军区别于西方军队的一个极为重要的原因。在艰苦的战争年代，我们不曾丢掉优良传统和战斗精神，和平建设年代，更不能丢掉这一赖以生存的传家精神。中外军队的历史荣辱一再证明，陷入骄奢淫逸的军队，就像温水里被煮的青蛙，会在不知不觉的舒适惬意假象中丢掉性命。

（三）激活了军事思想文化中的“腐朽因子”

改革开放是前无古人的“摸着石头过河”的事业，没有现成的经验。因此，必然带有极强的探索性和不完善性。这种不完善性在相当程度上激活了几千年来中国社会文化基因的腐朽因子，这种情况必然反映在中国军事领域。

1. 封建残余思想具有顽固性，始终保持潜伏状态

我军是一支无产阶级性质的人民军队，但这支军队的性质是在旧式军队的基础上改造而成的。南昌起义后南下的我军从形制上看还是一支旧式军队为主的武装力量，队伍内部还存在着军阀思想和人身依附等封建残余治军思想，秋收起义之后不久的队伍更像是农民义军。在攻打长沙之时，农忙时节一些人还要回家收麦子，这是典型的封建小农意识，与新型的人民军队的革命性纪律性战斗性相距甚远，因此才有

了“三湾改编”和“古田会议”等红军时期著名的整军改造标志性事件，确立了我军无产阶级军队的性质、宗旨以及目标、任务等重大建军原则。抗战时期我党我军的“延安整风”运动，提出“反对主观主义以整顿学风、反对宗派主义以整顿党风、反对党八股以整顿文风”，从内容上看都可以说是对党内军内的封建残余思想的一次清算整顿，进一步纯洁了人民军队的队伍。解放战争时期，人民解放军各部队开展了以“诉苦”（诉旧社会和反动派给劳动人民之苦）、“三查”（查阶级、查思想、查作风）、发扬民主和群众性练兵为主要内容的新式整军运动，同过新式整军运动，我军进一步剔除了残存在内部的封建残余守旧思想，大大提高了部队的战斗力，为战略反攻提供了有力的条件。

新中国建立后，虽然马克思主义一直作为党和军队建设的指导思想，占据了中国思想文化的主流地位，但是旧社会的封建残余思想因其顽固性，仍然以潜伏状态隐藏在社会生活的各个角落，等待条件成熟伺机而动。邓小平曾指出在肃清封建残余思想上的不彻底性，“肃清思想政治方面的封建主义残余影响这个任务，因为我们对它的重要性估计不足，以后很快转入社会主义革命，所以没有能够完成”①。封建主义文化以封建主义经济和政治作为其存在与发展的前提和基础，但同时又有其独特的发展规律，具有相对独立性，它可以超前或落后于经济政治基础，并与之保持动态对应关系。封建残余思想主要表现为迷信思想、非民主思想、教条主义思想。

① 《邓小平文选》，第2卷，人民出版社，北京：1994年版，第335页

2. 新旧体制转换下封建残余思想借机死灰复燃

有人曾讲，改革开放富了人们的身家，却贫瘠了一些人的头脑。近些年来，在社会上我们总能看到一些封建残余糟粕再次沉渣泛起，甚至在一些地方颇为盛行。在农村基层一些人头脑中封建家族观念、等级观念、人身依附观念、男尊女卑观念深植，相面算命、测字卜卦、阴阳风水、修庙造坟、求神拜佛、巫婆神汉在基层蔓延，而且这些封建的腐朽思想与资产阶级腐朽思想还有合流的趋势。这些现象反映在党和国家政治生活中，就是特权思想、官僚主义盛行，一些党员干部高高在上，不关心群众疾苦，严重脱离群众，淡化了党和人民群众的血肉联系，权力过分集中，大行家长制和“一言堂”，一些干部搞权力私有化，卖官鬻爵，任人唯亲，拉帮结派，扰乱了党和国家的政治生活秩序。反映在经济上，就是“官字头”“红顶子”泛滥，一些干部以权谋私，强行将政治权力介入经济生活，大搞官商勾结、权力寻租、欺行霸市，影响了市场经济的正常运行和健康发展。反映在文化生活上，就是专制主义、享乐主义盛行，一些党员干部只“唯上”只“唯权”只“唯乐”，满足以一己私欲的满足，生活腐化堕落，低级趣味，甚至是“只管生前享乐，哪管死后洪水滔天”！

改革开放并不是一个简单的、从旧的计划经济转到新的市场经济的过程。在新旧体制转轨中，打破了旧体制的约束机制，但是尚未建立起新体制的约束机制。这样的情况下，新旧体制的弊端就可能共同出现。这种不完善、不规范的市场经济环境，加之相关政策制度以及法规不健全，在新旧观念的激烈碰撞下，一些封建残余思想很容易死而复生，继而演变为各种社会畸形和丑恶的现象。例如官本位观念，它是指一种以官为本，一切为了做官的心理，具体表现为跑官要官、买官卖官等行为。从官本位观念又衍生出权钱交易和官场腐败，它们是封建专权思想和宗法思想在新时代的一种变相存在。鲁迅先生在《学界的三魂》中曾这样形容“官魂”：“中国人的官瘾实在深，汉重孝廉而有埋儿刻木，宋重理学而有高帽破靴，清重帖括而有‘且夫’‘然则’。总而言之，那魂灵就在做官——行官势，摆官腔，打官话。”[①] 在一份美国针对中国军队的秘密研究报告《如何影响中国的国家战略和军事战略》中，这样描绘官本位对中国军队的负面影响：“中国的军事机器每天都在老化……军队里裙带关系成风，官僚习气无处不在，思想保守。这种军队希望渺茫。所有的军官都忙着指使下级和捉摸上级领导的心思，很少有人关注世界事务和全球动向。他们把参军服役仅仅作为一种谋生手段，于是为了该目的，就一门心思地谋求个人利益。”[②] 另外资本主义一些腐朽思想观念，例如拜金主义、享乐主义和极端个人主义也在体制转轨时期突出表现出来，都成为助长和推动腐败滋长的外来刺激因素。

3. 封建腐朽思想对国防和军队建设的消极影响

封建腐朽思想对国防和军队建设的消极影响主要表现在：第一，导致国防和军队建设偏离指导思想和中心工作，影响军队的现代化建设；第二，降低官兵工作的积极性和创造性，

---

① 陈鲁民.《文人与做官》,《政府法制》，2013年1月7日，第31页

② 军事科学院政治部,《坚定信仰信念强化战斗精神》第7辑，2009年版，第108页

导致军队作风涣散，影响军事组织工作的效率，削弱军队的战斗力；第三，导致军队内部的腐败，像徐才厚这样的高级领导干部都腐败透顶，完全丧失了人民军队的本色；第四，阻碍中国特色军事变革的顺利进行，最终很有可能错失中国发展的战略机遇期。

（四）积极应对中西方军事文化基因的碰撞

价值观念反映了一定的经济关系。改革开放以来，我国打破了长期单一公有制的经济局面，实行以公有制为主体，多种所有制经济共同发展政策，使得价值主体趋于多样化、复杂化。与之相对应，价值观念也表现出多样化形态。反映封建社会和新民主主义建设时期政治、经济制度要求的价值观念，反映改革开放后社会主义市场经济制度的价值观念，以及西方的各种价值观念同时存在于中国社会各个领域。这其中除了新旧价值观的冲突，还有中西方价值观的碰撞与融合。在改革开放的大潮中，如何处理好中西方在价值观、思维方式上差异问题，将影响改革发展的进程和改革的效果。

1. 勇于借鉴西方先进文化的同时剔除不适合中国国情军情的内容

为了加快改革开放的步伐，邓小平提出了“重新向西方学习”。具体来说，西方先进的科学技术、先进的管理、先进的教育理念等都是向西方学习的题中之义。这种学习绝不是一朝一夕之事，而是需要长期坚持贯彻的方针。邓小平认为：“我们学习先进的技术、先进的科学、先进的管理来为社会主义服务，而这些东西本身并没有阶级性。”[①] 学习西方的现代科学技术、现代管理方法和管理制度，也是实现中国国防现代化的需要。

在借鉴西方先进文化的同时，还要仔细辨析和剔除那些不适合中国国情军情的内容。正如邓小平所说：“中国要想赶超世界，既要大胆吸收借鉴西方进步文化，又要坚决批判抵制西方文化中落后腐朽的东西。”[②] 至于哪些西方文化不学习、不引进，邓小平认为总的原则是“我们决不学习和引进资本主义制度，决不学习和引进各种丑恶颓废的东西”[③]。西方资产阶级的拜金主义、享乐主义、极端个人主义的价值观对转型时期的国防和军队建设负面影响至深，都是需要批判和摒弃的。

2. 坚持有益中国军事发展的中国特色，又认清阻碍中国军队发展的“中国特色”

改革开放以来，面对国内外越来越复杂的政治经济环境，为了保证军队不变质，应该牢固坚持那些对国防和军队建设有益的中国特色。首先，要坚持人民军队的性质。为了批判否定“军队非党化”等错误观念，清理西方不健康思想观念的毒害，邓小平指出：“我们的军队能够始终不渝地坚持自己的性质。这个性质是，党的军队，人民的军队，社会主义国家的军队。”[④] 其次，要坚持党对军队的绝对领导。这是我

---

① 《邓小平文选》，第3卷，北京：人民出版社，1993年版，第235页

② 《邓小平文选》，第3卷，北京：人民出版社，1993年版，第365页

③ 《邓小平文选》，第3卷，北京：人民出版社，1993年版，第366页

④ 《邓小平文选》，第3卷，北京：人民出版社，1993年版，第334页

军在革命斗争年代宝贵的历史经验，尽管时代和社会环境都在变化，但是这一根本原则不能变。在新的历史转型时期，邓小平重申，“我们这个军队是党指挥枪，不是枪指挥党”。[①]江泽民也指出，“党对军队的绝对领导是我军永远不变的军魂”[②]。最后，要坚持与发展人民战争，依靠人民群众建设国防。“不论什么时候，不论面对怎样强大的敌人，人民战争都是我们克敌制胜的法宝”[③]。

在推动国防和军队建设向前发展中，还要注意认清阻碍中国军队发展的“中国特色”，它既可能是一些传统、落后的思想观念，也可能是固有的思维模式。例如，中国“大陆性思维”“国土防御型思维”可能阻碍中国海洋战略的发展。中国是一个传统上以陆战为主的国家，制定海上战略时多从“捍卫海上的固定和有限地区”出发，思维的局限已经限定了中国海军发展的空间。中国封建残余思想“官本位”，及其带来的权钱腐败、官僚主义等问题，将极大影响中国军队的性质和宗旨，降低军队在人民群众中的形象，降低军队的战斗力，需要长期、大力度的肃清。

3. 习近平实施高强度反腐败的实质是对中西方文化基因腐朽因子的打击

腐败是人类社会普遍的现象，各个国家都不同程度地存在，这是各种文化基因群中最腐朽的因子。党的十八大以来，反腐力度不断加强，在“苍蝇”“老虎”一起打的政策下，

---

① 《邓小平文选》，第2卷，北京：人民出版社，1994年版，第1页

② 《江泽民文选》，第2卷，北京：人民出版社，2006年版，第454页

③ 《江泽民文选》，第3卷，北京：人民出版社，2006年版，第357页

严惩了一批党内军内腐败分子。习近平认为，“军队不是生活在真空中，社会上存在的各种消极腐败现象必然会在军队中反映出来”[①]。加强和改进作风建设，就是针对市场经济条件下，西方资产阶级享乐主义和奢靡主义带来的不良影响，重新拉近党和人民群众的紧密联系。习近平指出，“作风问题具有顽固性和反复性，形成优良作风不可能一劳永逸，克服不良作风也不可能一蹴而就”[②]。针对传统官本位思想引发的特权思想和现象，中央决定加强对权力的监督和制约，习主席强调，要“把权力关进制度的笼子里，形成不敢腐的惩戒机制、不能腐的防范机制、不易腐的保障机制”[③]。习近平的这一系列反腐举措，实际上既是对中国封建腐朽的价值观的打击，也是对西方资产阶级消极堕落的价值观的打击，实质上是对中西方文化基因里的腐朽因子宣战。

二、世界新军事革命对中国军事思想文化基因的挑战

20 世纪 80 年代以来，随着信息技术等高新技术的迅猛发展，世界军事领域兴起了一场声势浩大的新军事革命。这场新军事革命的实质是对旧有文化基因的挑战，对人类战争观念、战争面貌和军队建设产生了前所未有的强烈冲击。应对

① 习近平.《在中央军委常务会议上的讲话》，2012年11月15日

② 习近平.《在党的群众路线教育实践活动第一批总结暨第二批部署会议上的讲话》，2014年1月20日

③ 《把权力关进制度的笼子里》，《人民日报》2013年1月23日第5版

这场新军事革命，中国军事思想必须在诸多方面进行创新，甚至在文化基因（思想观念和价值判断）方面进行革命性的改造。

（一）人类军事形态正在发生革命性变革

世界军事革命动因是多方面的，其中最重要的是人类社会技术形态出现了时代转型。与人类历史上的军事革命一样，当前这场世界新军事革命的根本动因是科学技术呈现群体性的突破。尤其是以信息技术为核心的高技术群体的迅猛发展，必然导致军事领域的革命性变化。

这场世界新军事革命大致经历了四个阶段：

第一阶段是世界军事革命的萌芽阶段，时间是从 1946 年第一台计算机诞生到越南战争。第二阶段是新军事革命的发育阶段，时间是从美军提出“空地一体战”理论到 20 世纪 80 年代末，这一阶段产生了相应的军事理论形态。第三阶段是世界新军事革命的发展阶段，时间是从海湾战争到阿富汗战争。这一阶段作战方式和战争形态都发生了重要变化，大量使用远程精确制导武器是一个明显的标志。第四阶段是世界新军事革命新的发展趋势，时间是伊拉克战争之后，包括精确制导武器在内的信息化作战系统得以进一步完善。到目前为止，世界范围内的军事转型已经发展为涉及所有军事领域的深刻的军事革命。

世界新军事革命是人类历史上最深刻、最彻底的一次军事革命。这和人类技术社会形态由工业社会向信息社会快速而彻底的转轨密切相关。新军事革命使得战争形态由机械化战争转型为信息化战争时，比历史上的所有战争形态转型更具有根本性、系统性和整体性，所有工业时代的军事形态和体系将被不间断地、彻底地被改造为信息时代的军事形态和体系。它具体表现为“五新”，即新的武器装备、新的军事人才、新的体制编制、新的作战理论、新的作战形态。信息化武器装备成为争夺信息化战争优势的基础；军队人员复合的知识结构成为军队战争胜负的重要因素；战争样式开始出现“非接触作战”等多元化样式；新的军事理论层出不穷。但是要实现这“五新”，需要依靠新的价值观念和思维方式（新的文化基因）的变革，如果一直抱着墨守成规、按部就班、因循守旧的观念和旧式战争思维，新军事革命就会变得停滞不前。

（二）对中国军事思想文化基因的再冲击

历史上世界军事发展已经对中国军事文化基因造成过强烈冲击，所以，当前叫作“再冲击”。然而，与历史相比，当前这场世界新军事革命对中国军事思想文化基因的冲击，无论从深度还是从广度来看，都是前所未有的。

1. 军事革命实质是对军事文化基因的革命

军事革命成功的标志说到底就是军事文化基因得以改变，军事革命失败的最大因素是军事文化基因的顽固抵抗。西方近代军事变革成功的重要原因，在于打破了中世纪“神学至上”的价值观念和僵化思维模式，建立起“科学至上”等新的价值观念和近代理性的思维方式。晚清军事变革失败的重要原因就是其文化基因没有得到有效改造。晚清军事变革历经30

多年的发展，在许多方面取得较大成就，例如创办近代军事工业、建立近代海军、革新军事教育。特别是北洋舰队的组建，成为当时军事变革的最高成就。但由于清朝统治者死抱着中国文武制度优于西方的传统观念，在编制体制和作战方式方面始终不敢创新和改变，最终使北洋海军在甲午战争中沦为炮灰。对于这种保守的危害，慈禧太后曾感慨，“误国家者在一私字，困天下者在一例字”[①]。这里“例”指的就是价值观念和思维方式的因循守旧。

2. 世界新军事革命冲击中国军事文化基因的例证

世界新军事革命对中国军事文化基因的冲击是全方位、大范围、多层次的，其中有几个方面值得研究。

（1）对“国防边界”价值判断的冲击

人类社会步入信息时代后，国防已不再只是陆防，而是拓展到陆海空天电网等多维多域。胡锦涛曾指出：“时代的进步和我国的发展，使我国的国家安全利益逐渐超出传统的领土、领海、领空范围，不断向海洋、太空、电磁空间扩展和延伸。”[②]比如，信息战打破了传统战争形态中前线与后方的界限限制，它可以在全球任何地点向任意目标发动攻击。战争的形式不仅仅是陆海空立体作战，还包括了黑客利用高科技网络手段对国家重要设施的攻击。网络使得传统国家领土和边疆概念发生极大变化，国防边界、国家安全的范围已

① 刘青松.《舆论里的晚清:从众声喧哗到千夫所指》,《同舟共进》, 2011年10月1日，第17页

② 总政治部编.《树立和落实科学发展观理论学习读本》, 北京：解放军出版社，2006年版，第79页

经拓展到对信息边疆的争夺。信息边界的大小和安全，甚至上升到关系到一个国家兴衰存亡的高度。发达国家凭借网络技术垄断的优势，不断拓展信息疆域，通过威胁其他国家的信息主权，打击这些国家的政治、经济、军事。对于控制和占领信息边疆的价值和目标，美国人自己总结为，“我们将进入一个新时期，没有人是前线士兵，但每个人都是战士。战争的目标不只是消灭对手，而是要瓦解对方人民的目标、意图、信仰和理解能力”[①]。

（2）对“战略思想”价值取向的冲击

主要指对原有的国土防御型战略思想的冲击。中国传统军事思想和国防观念是“重陆轻海”“重防轻攻”，这种以国土防御为军队建设的战略思想，在军队长期建设上容易造成军事实力和国家实力不相符合。新中国成立后，我国始终专注于国土防御，在几次领土争端中都因固守防御而导致领土被蚕食。新世纪以来，中国的军事思想虽然仍是“积极防御”，但视野还是局限在国土和近海。随着世界新军事革命的勃兴，给我国的战略环境带来巨大的变化，经济的迅速发展使国家的发展利益不断向海外拓展，而发展利益所面临的冲突成为中国的长远威胁。现实威胁和长远威胁都需要纳入军队建设的考量之中，例如国土防空型的空军不能满足保护空间拓展后的国家利益。这种种变化都冲击着原有的“国土防御型”战略价值取向。十八大以后，随着经略海洋、建设海洋强国和“一带一路”战略规划的提出，“国土防御型”战略思想

① 东鸟.《网络战争》，北京：九州出版社，2009年5月，第150页

已经开始发生实质性的转变，以保护国家核心利益为前提的进攻和军队实力建设已成为应有之义。习主席对军队提出了“能打仗、打胜仗”的要求，又要求军队在“任何时候任何情况下，都决不放弃维护国家正当权益、绝不牺牲国家核心利益”①，这是对原有国土防御型战略思想的重要创新。

（3）对军事力量结构价值判断的冲击

主要指对原有军事力量“陆战型结构”价值判断的冲击。军事力量结构是指军事力量各要素组合的方式，它与军队编制体制密切相关。某种形式的军事力量结构，体现出战略思想的某种价值偏向。军队编制体制调整是世界新军事革命“五新”内容之一，实质上就是谋求更好更合理的军事力量结构，从而催生更强战斗力。我军是从陆军单一军种发展起来的，加之长期受“国土防御型”战略思想指导，其“大陆军”的思维定势形成已久，并且束缚我军在世界新军事革命大潮中的进一步发展。不仅总部机关还有一些部门停留在履行陆军管理职能上，而且在实际的联合作战演练中，也常常混淆陆军主导的合同作战和各军种联合作战。在军事变革中，军事力量的结构调整受制于军事力量的功能定位，而军事力量的功能定位又受制于国家的安全需求。世界新军事革命的一些后发国家，随着经济安全利益的外拓，逐渐把军事力量发展的重点转向海军。例如早期以大陆为战略防备重点的印度，其海军建设一直处于劣势地位。20 世纪八九十年代，随着印度洋在印度经济发展中地位的提升，印度开始致力于建立强

① 中国人民解放军总政治部编.《习主席国防和军队建设重要论述读本》，北京：解放军出版社，2014年8月，第19页

大的“远洋型海军”。随着国家战略格局和经济形势的演变，中国的经济安全需求已经突破了传统的陆地疆界，当前中国面临的安全威胁已从遭受大规模陆地入侵转变为来自空中、外太空的打击和海外权益的侵害，所以建设一支具备“外向”能力的军事力量，加强海军、空军、天军、网军的军事力量建设开始成为中国最急迫的任务，而这一切的关键就是急需加快转变传统的“大陆军”思维。

（4）对指挥体系价值取向的冲击

主要指对原有的树状指挥体系的冲击。机械化战争时期由于使用庞大规模的作战人员，以平台为作战中心，造就了树状指挥体系。它主要着重于纵向上的隶属和配属关系，保障上下级沟通顺畅，而在横向上，军兵种之间自成体系，靠纵向的协调才达成联系。20世纪80年代后，随着信息技术在作战力量中重要性的增强，树状指挥体系开始暴露出与信息化战争不相适应的弊端：信息传输慢；平级单位之间难以直接横向沟通协作，需要经过中转；抗毁能力差。正是清醒认识到这种传统指挥体系已经落后于未来信息化战争的需求，美军在海湾战争后就指出：“自上而下高度集中的指挥体制已经过时。”[①] 随后在美国带领的世界新军事革命中，各国纷纷意识到树状指挥体系逐级传递指挥命令的缺陷，开始尝试减少指挥层次、增大指挥跨度，将指挥体系的这种扁平、网状变革列为军事变革的重要内容之一。美军甚至要求最高统帅可直接指挥具体战术群。我军的指挥体系一直都是树状结

① 王保存.《世界军事发展趋势及对我之影响》,《军事经济学院学报》，1999年9月，第47页

构，以集中统一指挥、逐级指挥为主，这既是在长期的革命战争中总结出的经验，也是和中国传统的大一统思想观念，以及“将从中御”的军事传统密切相关的。所以，指挥体系的扁平化、网状化带来的冲击，说到底是对中国军事传统价值判断（重文抑武）和机械化思维方式的冲击。

严格地讲，对于世界军事革命的再冲击，中国的反应和表现显得过于保守，军事领域体制性障碍、结构性矛盾、政策性问题至今没有得到有效解决。主要是由于：习惯于旧有的成功经验和军事传统，思维习惯和思维方式还没有跟上未来战争的模式；和平时期战争实践过少，军事理论没有实战检验，还存在许多形式主义内容。正如马克思所说：“长期的和平使得军事学术的倒退同工业发展给兵器带来的改进成正比。”[①] 此外，影响军队改革深入发展的种种障碍（尤其是大大小小的利益群体）很难在短时期内得到解决。

（三）应对挑战的实质是对军事文化基因的改造

当代中国军事思想既带有中国传统文化基因的要素，同时还带有中国人民解放军在成长历程中不断增加并得以固定下来的新的基因因子，因此，应对世界新军事革命的挑战，非常重要的方面，是在思想观念和价值判断上，既要正视千百年来中国传统文化基因的影响，更要正视我军特有的文化基因的影响。后者比前者更为重要和紧迫。当前及今后一个时期，中国军事领域应该在八个方面对价值观念、思维方

---

① 《马克思恩格斯军事文集》，北京：战士出版社，1982年第3卷，第441页

式进行探索性改造。

1. 摆脱对马克思主义军事理论的教条式理解

军事理论必须随着历史和实践不断发展。一方面，当代军事领域发生的迅猛变革，推动军事理论出现空前活跃的局面，有关未来战争和军队的新观点、新学说不断涌出。另一方面，国内社会主义市场经济深化发展使军队建设遭遇新问题、新情况。这就决定了毛泽东军事思想以及邓小平新时期军队建设思想必须不断丰富发展。要使中国特色军事变革真正得以实现，必须先摆脱对马克思主义军事理论的僵化和教条的理解。如果罔顾历史条件和现实状况的变化，拘泥于毛泽东、邓小平的只言片语，那么中国特色军事变革就会因为脱离实际导致无法顺利进行，乃至失败。

2. 摆脱工业时代战争的思维习惯

从中国特色军事变革的整个社会背景来看，中国社会还没有完全进入信息时代。从中国军队建设的内部环境来看，还处于工业时代的机械化半机械化的军队建设轨道。虽然来自世界新军事革命的严峻挑战，已经使研究信息化战争的特点规律成为刻不容缓的任务，但是由于我军长期处于机械化半机械化武器装备的境地，缺乏对外军作战实际情况的了解，使得官兵在思想观念上严重滞后。虽然社会存在决定社会意识，但是思想意识对客观物质世界也具有反作用，如果这种反作用利用得好，就对社会实践具有重要的引导作用。在中国特色军事变革中，不断强调走出工业时代的思想观念，打破陆战思维惯性，才可能推动我军改革中的结构性调整，顺利推动联合作战指挥体制的建立，催生新一代作战理论，明确未来人才培养方向。

3. 摆脱计划经济体制下的思维方式

我国国防和军队建设是在中国社会的大环境中开展的，这意味着它必须和整个社会发展保持同步，而且这种联系只会随着时代的发展越来越紧密。世界军事革命的一个共同规律是军事领域和社会其他领域相互结合，使得部分军事功能社会化，部分社会功能军事化，我国国防和军队建设也必须遵循这一规律。如果军事领域的思维方式和社会主义市场经济环境脱节，那么军队建设和改革就会因为思想观念上的障碍而无法顺利展开。从我军建设的现状来看，诸多领域还存在与社会主义市场经济不相适应的情况，例如国防科研和武器装备研发采购没有真正纳入市场机制、通用人才培养还依赖军队自身的情况等。能不能从社会主义计划经济思维和工作方式中解脱出来，能不能适应社会主义市场经济的规律特点，将深刻影响我国国防和军队建设与发展，解决不好就可能导致军事领域的指令性特征和社会环境的市场性特征严重冲突。

4. 摆脱狭隘的权力和利益观念

随着国防和军队改革的深入发展，体制结构问题更加突出。然而，体制变革关乎权力重新调整，编制变革关乎利益重新分配，来自这两方面的阻力，往往导致军事变革半路夭折。当年苏联国防部总参谋长奥加尔科夫建立了第一支数字化试验部队，但是它要求军事体制进行相应变革，这与苏军的高度集中的指挥体制冲突，威胁到一批人的利益。结果是奥加尔科夫降职，他倡导的数字化部队被撤销。近年来俄军推行新面貌改革，遇到来自各方利益的阻力，普京总统感慨这是个“复杂甚至痛苦的过程”。我军改革中存在的瓶颈问题，例如部门至上、条块分割、机构重叠等，大多与本位主义等狭隘的利益观念有关，它们影响中国军事变革的纵深发展。当前中国军队改革已经进入“深水区”，不解决利益固化的问题，改革就无法顺利深入推进。

5. 摆脱因循守旧的思想、行为惰性

因循守旧、按部就班、不思变革等都是国防和军队建设向前发展的思想障碍。晚清军事变革起步不算太晚，但迟迟难以有实质性的突破，关键就是统治阶层抱着旧传统不放，作为洋务派首领的李鸿章认为“中国文武制度，事事远出于西人之上，独火器不能及”①，缺乏忧患意识使得清王朝白白错失两次战略机遇期。习主席指出，“近代中国由盛到衰的一个重要原因，就是封建统治者夜郎自大、因循守旧，畏惧变革、抱残守缺，跟不上世界发展潮流”②。“在这场世界新军事革命的大潮中，谁思想保守、固步自封，谁就会错失宝贵机遇，陷入战略被动”③。推进中国军事变革，必须和增强忧患意识紧密结合。已经是头号强国的美国总是高唱“衰落论”，这种强烈的忧患意识使得他们在世界军事革命中持续保持领先地位。中国军事变革要想取得实质性突破，就要勇于标新立异，走出中国军队建设发展的特色，要敢于冒险，

---

① 蒋廷黻.《筹办夷务始末（同治朝）》，卷二十五，北京大学出版社，1988年8月第1版，第137页

② 习近平.《在纪念中国人民抗日战争暨世界反法西斯战争胜利69周年座谈会上的讲话》，2014年9月3日

③ 习主席在听取济南军区工作汇报后的讲话，2013年11月28日

敢于创新。中国特色军事变革不能再陷入形式主义的恶性循环，不能再被口号和标语所淹没，需要从扎实提高军队训练工作的效率，减少干扰战备训练的形式因素等点滴做起。

6. 摆脱形式主义和官僚主义

形式主义和官僚主义是中国传统文化基因群中腐朽的因子。当年，晚清军事变革失败的重要原因之一，就是形式主义。北洋水师组建后，购买和仿造了一批铁甲战舰，在表面列阵看来比较壮观，但缺乏实战检验，清政府却满足于这种表面的辉煌，不追求实际战斗力，醉心形式而丧失清醒的判断，结果导致甲午海战北洋水师一战而亡。延安时期，毛主席就专门指出形式主义的危害，告诫中国共产党人必须把这个毛病彻底改掉。形式主义既危害平时的军队建设，也危害军事革命的开展效果，甚至会导致中国军事特色军事变革丧失重要的战略机遇期。徐才厚等人搞得假大空那一套形式主义，严重损害了军队的战斗力建设。因此，习主席在党的群众路线教育实践活动工作会议上强调，“要集中解决形式主义、官僚主义、享乐主义和奢靡之风这‘四风’问题”①。从一定意义上讲，这也是针对中国传统文化基因中不健康因子而言的。

7. 摆脱“谋略大国”的盲目乐观

中国自古就是一个军事谋略大国，但是过于注重谋略忽视科技装备，曾导致近代中国军事的衰弱。军事谋略只有当武器装备处于同时代水平时，才可能发挥重要作用。如果武器装备有了时代差，那么军事谋略的作用也将被削减。未来

---

① 付钦太.《旗帜鲜明地反对享乐主义和奢靡之风》，《理论建设》，2014年8月4日，第99页

的信息化战争中，不仅武器装备更新速度更快，而且每一次的更新都可能是技术的革命性改变。假设战争中存在武器装备的代差，那么不管军事谋略多厉害，也逃脱不了损失惨重，甚至是战败的结局。所以，未来战争的胜负将更加取决于本国武器装备发展水平等硬标准。脱离武器装备、训练和保障的单纯性军事谋略必将成为空中楼阁，无法支撑起决定战争胜负的重任。面对世界新军事革命的严峻挑战，中国特色军事变革应在重谋略的同时，积极加强国防科研和武器装备建设，只有缩短了时代差，才能使谋略真正发挥作用。

8. 摆脱“胜利之师”的历史包袱

军事领域的经验是用鲜血和生命换来的，所以军事领域最看重历史传统，最难实现自我否定。晚清军事变革，统治者固守其胜利的经验传统，坚信“弓马定乾坤”，在军队建设上远远落后于世界潮流，结果导致甲午战败。我军在革命战争年代曾用劣势装备打败日本侵略者和国民党反动派，建国后又以同样的方式在朝鲜战场战胜世界军事强国，这使得“以劣胜优”成为我军的胜利经验和法宝。但时代发展至信息社会，如果还固守这样的观念，能否打赢未来下一场战争就真的成为一个问号。“强胜弱，优胜劣”的自然社会法则同样适用于军事领域，尤其是当今世界新军事革命迅猛发展，战争中绝对劣势一方战胜绝对优势一方的神话将难以再现。中国军队不能再沉湎于过去“以劣胜优”的传统中，而是要将过去辉煌转变为前进的精神动力，切实增强军队战斗力，努力提高打赢信息化战争的能力。

三、“高新远边疆”战略对中国军事思想文化基因的变异要求

党的十八大以后，习主席提出了一系列重大的军事战略思想，其中最突出的是“高新远边疆”战略。所谓高，主要指太空。所谓新，主要指网络。所谓远，主要指海洋。这种全新的大战略思想既是对中国军事思想文化基因的革命性改造，也为中国军事思想文化基因链注入了全新的基因因子，对中华民族的发展具有重大的现实意义和深远的历史意义。

（一）“高新远边疆”战略是实现中国梦的重大战略依托

习主席将中国梦定义为，“实现中华民族伟大复兴”[①]。以中华民族的复兴为伟大目标，中国梦致力于中国从大国迈向强国的目标，对国防和军队建设而言就是强军梦。而“高新远边疆”战略就是对这一要求的具体回应，它为实现中国梦提供重大战略支撑。习主席强调，“没有一个巩固的国防，没有一支强大的军队，中国梦就难以真正实现”[②]。

当下，我国已然成为世界第二大经济体。但是这并不意味着中国已经成为世界第二强国。虽然中国在经济发展过程中取得了令人瞩目的成就，但是整体来看仍然存在发展不平衡等现实问题。中国正处于“将强而尚未强”的国家发展重

---

① 张心阳.《为实现中国梦提供坚强力量保证》,《解放军报》，2014年4月11日，第006版

② 中国人民解放军总政治部编,《习主席国防和军队建设重要论述读本》，北京：解放军出版社，2014年8月，第19页

要战略机遇期。大国崛起的历史显示，军事力量不光影响大国的国防实力，还影响着社会经济发展的进程与稳定。强大的军事实力既是维护国家国际话语权的重要保障，同时它还可以为中国和平崛起提供有力的安全保障。

1. 太空是实现中国梦的战略基石

纵观历史，每当人类活动的领域有了新的拓展之时，那些能敏锐抓住这一动态和机遇的国家，总可以从中获得巨大的战略利益。20 世纪中后期，军事活动范围开始拓展到外层空间，作战空间拓展为陆、海、空、天、电、网多维一体，其中太空又成为各个国家相互竞逐的新的战略制高点。当时美国总统肯尼迪曾预言："谁控制了太空，谁就控制了地球。"而 20 世纪 80 年代末的海湾战争更是用战争实践证明了太空在未来战争中的不可或缺性。整个战争过程中，联军一共使用了 60 枚左右的盟国卫星，作用几乎覆盖了整个军事领域，大到地面部队行军小到一支伞兵分队插入敌后的行动。难怪当时有人评价，"这是美国价值 2000 亿美元的太空机器第一次得到实战检验，也是第一次用战争证明了法国和英国为太空军事开发投入 10 亿美元的正确性"[①]。随着科学技术的迅速发展，在新一轮的世界军事革命浪潮中，太空作为新型军事力量的建设和使用，已经被越来越多的国家所重视。而国家综合实力和军事技术基础积累的制约，都使"太空强国"和"非太空强国"之间的差距不断扩大，加剧了全球军事力量的不平衡状态。鉴于此，太空空间是维护我国国家安全和

---

① ［美］阿尔文·托夫勒.《战争与反战争》，北京：中信出版社，2007年3月，第81–82页

国家利益必须占据的战略制高点，也是我国从大国走向强国、实现民族复兴的战略基石。正如习主席所说，“航天梦是强国梦的重要组成部分”[①]，“要坚持把新型作战力量建设作为战略重点，不断提高部队新质作战能力”[②]。

2. 网络是实现中国梦的安全保障

“中国梦”的本质内涵是实现国家富强、民族复兴、人民幸福和社会和谐。政治、经济、社会、国防构成了国家稳定与发展的基本要素，进入信息化社会后，这些要素的安全都与信息安全密切相关。信息安全通过影响政治安全、保障经济安全、维护社会安全、保障军事安全，实现对国家安全的全方位、大力度的影响。如果没有信息安全，就谈不上国家安全，那么“中国梦”的实现也就丧失安全保障。未来的战争，拥有制网权的国家，将拥有战争的主动权。习主席针对网络安全的重大战略意义，提出要“努力把我国建设成为网络强国”[③]。

“网络强国”概念的提出，明确了网络在国家发展中的战略性地位。从国家安全角度来看，网络安全已经成为国家安全的重要组成部分。互联网已经成为境外敌对实力对我国实行西化、分化的平台，也成为敌对势力窃取机密的帮凶。美国的“棱镜门”事件，早已揭露出我国国家网络存在巨大安全隐患。从军事角度看，未来战争将是信息化战争。当前，

---

① 2013年6月24日，习近平主席在北京航天飞行控制中心明确提出

② 中国人民解放军总政治部编.《习主席国防和军队建设重要论述读本》，北京：解放军出版社，2014年8月，第67页

③ 《习主席召开中央网络安全和信息化领导小组第一次会议重要讲话》，2015年2月27日

世界各国都在加强军队信息化建设，已经有四十多个国家组建了网战部队，我国如果不迎头追上，就可能陷入被动挨打局面。

3. 海洋是维护国家安全和国家利益拓展的重要路径

梁启超在《二十世纪太平洋歌》中描绘过中国在三个文明时代的地位变化，第一纪是在河流文明时代，"中国之中国"；第二纪是内海文明时代，"亚洲之中国"，是中国最辉煌的时代；第三纪是大洋文明时代，"世界之中国"，是中国落后的时代。禁海政策曾使中国脱离世界市场，远离近代先进思想和科学技术，导致近代中国陷入落后挨打的被动局面。新世纪以来，经济全球化趋势愈演愈烈，海洋作为国家间经济贸易往来的通道地位越发重要。保卫海上通道的安全，对于已经融入世界经济体系的中国而言，是关系到中国经济发展的战略问题。同时，中国国家安全的主要威胁开始从陆疆转向海疆，西部、北部疆域趋于稳定，而海洋方面却呈现多元化的斗争趋势。控制海上交通线，海洋权益争端，争夺海洋资源等冲突此起彼伏，这是新一轮蓝色圈地运动的结果。美国等国通过围堵我国海上资源通道，大力挤压我国海洋方向的战略发展空间。在此大背景下，将海洋强国战略纳入国家发展战略，是我国实现民族复兴的"中国梦"不可回避的战略考量。党的十八大报告首次明确指出，"提高海洋资源开发能力，坚决维护国家海洋权益，建设海洋强国"[①]，将海洋提升到从未有过的战略高度。

---

① 高中华主编.《党员干部学理论.2013》，北京：红旗出版社，2013年1月，第173页

4.“一带一路”是实现海洋强国战略和中国梦的排头兵

2013 年习主席提出了建设“新丝绸之路经济带”和“21世纪海上丝绸之路”的战略构想。这个“一带一路”贯穿欧亚大陆，一个着眼于加快向西开放，一个着眼于建设海洋强国，是实施全方位对外开放战略的“先手棋”和突破口，对于我国构建开放型经济新体制，打造全方位对外开放新格局具有决定性意义。

欧亚大陆是全球面积最大、人口最多、经济活动集中的区域，一头是活跃的东亚经济圈，一头是发达的欧洲经济圈。中间的广大腹地国家资源丰富但经济发展相对滞后，与我国投资贸易合作起步虽晚但潜力巨大，是我国拓展全方位对外开放新格局的重点方向，开拓新兴市场的重要目标和能矿等战略资源的重要来源地。其中，中亚地处亚欧交通咽喉，为我国陆上能源通道必经之地，是大国博弈的“棋眼”，也是我国与之联手打击“三股势力”、维护国家安全、边疆稳定的重点地区，是我国外交战略中的必争必保必稳之地。东南亚扼守两大洋、连接三大洲，既是我国走出去的必经之地和对外贸易的重要通道，也是美国及其盟友对我国海上围堵的重点区域。我国海上运输量占对外贸易货运总量的 80%，破解马六甲困局迫在眉睫。东南亚地区的稳定和发展涉及我国重大利益，是我国和平发展的重要地缘依托，也是我国海上开拓进取和深耕厚植的优先战略方向。

（二）海洋强国战略是对农耕民族文化基因的革命性突破

海洋强国战略是中华民族历史上第一次真正面向海洋的战略蓝图，是对千百年来中国传统文化基因的重大突破，具有重大的现实意义和深远的历史意义。

1. 农耕民族文化基因造成海洋始终远离中国军事战略中心

西方海洋文化的典型思维习惯是：海洋是财富获取的渠道；海洋是称霸世界的基石。当年“日不落”帝国就是通过控制海洋实现控制世界贸易，再实现控制世界的。海军是国家军事实力的主要支柱。彼得一世大帝曾这样描绘海军的重要地位，“只有陆军的君主是只有一只手的人，而同时也有海军才是双手俱全的人”[①]。马汉更是直接宣称，“海军即海权”。西方这种倾向于海军的攻势作战功能，曾被人形容为国家军事力量之“矛”。

对照来看，历史上的中国显然不具备这种海洋文化基因。传统上的中国，作为典型的农耕民族，历经数千年的发展，逐渐形成了重陆轻海的战略传统。农耕民族这种囿于陆地的思维，决定了它对海洋地位的认识有局限，只是将海洋作为陆地防御的屏障。而且它将海军视为防御性力量，认为海军在国家军事力量体系中只是辅助作用。如此，自然不可能制定出长远的海洋发展战略。和西方的海军之“矛”相比，中国似乎更重视海军之“盾”。正如美国某位战略专家所概括的，“中国海军采用的作战模式是大陆战略中的一个典型：更倾

① 余栋华.《海洋文化与强国海军梦》,《海军学术研究》，2013年第9期，第9–10页

向于预防来自海上的攻击，而不是将海洋作为进攻通道”[①]。虽然在中国漫长的封建社会里，也有郑和下西洋、海防塞防之争和晚清大建水师等涉及海上军事力量使用和军事战略制定，但它们几乎都是以拱卫大陆为基本着眼点。新中国成立后，我军也是重在维护国家统一和捍卫领土主权，人民海军建立之初的战略任务就是协助陆军防范从海上进犯的敌人。总体看，我国军事战略具有鲜明的内敛性和国土防卫型特征。

改革开放后，随着中国经济发展向海外拓展，对海洋的重视日益加强，而建设强大的海上力量，维护国家不断拓展的国家利益，已经成为现实的急迫需要。但是海洋思维不可能凭空而来，它既需要打破中国原有的陆地思维，也需要吸收引进先进的海洋思维来指导海军建设。由于历史传统的惯性作用，陆地思维至今在中国的影响力依然很强，中国整体国防理念还没有完全从本土防御观念中跳脱出来。这导致整个国家思维方式的转变跟不上国家利益（尤其是海洋上）的拓展步伐，无法有力地牵引我国海军建设进入新发展阶段。立足于实现中华民族复兴的伟大中国梦，适应国家扩大对外开放、实施“走出来”战略的需要，我国的军事战略理念需要从内敛性逐渐转向外向性，即由边境、沿海防御逐渐拓展为境外防御、远海防卫。

2. 海洋强国战略是对农耕民族战略传统的革命性突破

党的十八大以来，就建设海洋强国战略，习主席提出了一系列相关的重要思想，主要有：长期以来，我们主要采取

---

① 赵惠波.《辨析陆地思维和海洋思维对海洋军事的认识差异》,《海军学术研究》，2010年第3期，第11–13页

的是国土防御型和近海防御型的战略布局，这个布局同我们经略海洋、经略周边和走出去的要求不是很适应。我们必须拓宽视野，从地区和全球的角度来思考和运筹我国国家安全。随着国际国内形势的发展变化，维护国家海外利益的任务日益繁重，确有必要加大军事力量"走出去"的力度，并提出了建设"一带一路"的重大战略构想。

习主席的有关重要思想，完整系统地描绘出中华民族第一幅具有真正意义的"军事力量走出去"的战略蓝图，充分体现了注重陆海兼备、坚定走向海洋的全新的大战略思想，是对农耕民族战略传统的革命性突破，是中华民族历史长河中的重要里程碑和战略转折点，是党的十八大关于海洋强国战略的军事篇，对于实现中国梦、两个一百年奋斗目标具有重大的现实意义和深远的历史意义。

（1）突破农耕民族"陆主海从""重陆轻海"的传统思维

中国是典型的农耕文明国家，秦统一中国后的数千年里，人口占多数的汉族一直以农业为基本的生产方式，农业粮食税一直是历代王朝的主要经济来源之一，封建王朝的统治威胁主要来自北方游牧民族，军事和政治重心都偏向北方，这使得中国传统军事战略具有农耕民族内向性、防御性的特点，而且大陆传统占主导地位。尽管从唐朝到明朝前期，中国航海技术曾处于世界领先位置，但是各王朝的统治者始终坚持重陆轻海的传统，不重视海洋权益，对江河流域的关注和偏好远远甚于对海洋的关注。正如黑格尔所说，中国是"一个与海不发生积极的关系的国家”[①]。改革开放后，中国的经济逐渐由以农业为主转型为以外向加工为主的工业生产方式，经济对外依存度骤然提高。但是中国的海洋思想仍是农耕思想主导下的陆地思维，它与现在中国的外向发展型经济不相匹配，只有将这种以陆地为主的农耕海洋思想转变为真正的以海洋为主的思想观念，海洋意识发展才会获得最强大最持久的动力。当今中国已经发展成为世界第二大经济体，发展前景面临着陆地资源不足的困境，解决的办法就是加强对海洋资源的开发和利用。这不仅需要改变中国传统的重陆轻海思维，而且要求中国的军事战略也要相应从重陆权、重海防逐渐转变为争海权。习主席提出“推动海军由近海防御向近海防御与远海防卫型的战略转变”，这一战略思想就是立足于摆脱中国传统的“重陆轻海”的陆防思维。

（2）突破农耕民族“以和为贵”“重义轻利”的传统观念

中国儒家的中庸哲学和以仁义治国的传统观念，使得中国传统军事战略偏向于和平主义，以防御为主，战争始终被视为最后的手段。对外关系上主张“以和为贵”，鲜有对外扩张。用浓厚的道德意识来解释军事行为，对其他民族的扩张行为（比如北方游牧民族的侵扰），在认识上不是将它们理解为政治经济的需求，而是倾向于用道德特征来解释这些扩张行为。明朝时郑和下西洋，船上载满的不是武器弹药，带去的瓷器和丝绸也不是为了开展贸易，只是为了宣扬天朝国威，传达友好相处的意图。中日的两次代表性海战，唐朝

---

① ［德］黑格尔著，王造时译.《历史哲学》，北京：三联书店，1956年，第135页

时白江口之战和明朝的露梁之战，中国军队虽然击溃日本军队，但是根本没有想过进一步占领日本领土或控制相关海域。尽管中国商人长期往返于日本、朝鲜、阿拉伯半岛之间的海域，但是受“重农抑商”“重义轻利”观念的制约，加之主要税收来源不来自海外贸易，所以封建王朝统治阶层很少主动给这些海外贸易提供官方军事保护。

如今，农耕文明的特性已经随着市场经济和工业化推进而逐渐淡化，对军事力量的价值判断中引入了国家利益这一重要因素。当前，我国正处于由发展向崛起过渡的阶段，一方面我国来自海洋方面的安全威胁加大，周边国家不断设法挤压、蚕食我国的海洋空间。另一方面，我国面临的海洋安全需求也愈加复杂，有生存安全需求，有发展安全需要，还有满足崛起安全的需要。习主席提出“我们希望和平，但任何时候任何情况下，都决不放弃维护国家正当利益，决不牺牲国家核心利益，决不会拿国家的核心利益做交易”[①]。这种将国家利益纳入国家军事战略谋划的主要因素，是对传统农耕民族道义性优先的战略思维的一种革命。

（三）太空网络战略为中国军事思想文化基因链注入全新因子

太空网络是信息时代的基本标志，也是对传统军事观念和价值判断造成强烈冲击的重要领域之一。太空网络的迅猛发展必然要求中国军事思想文化基因不断注入新的时代内涵。

---

① 中国人民解放军总政治部编.《习主席国防和军队建设重要论述读本》，北京：解放军出版社，2014年8月，第19页

1. 对太空网络的理性认识和价值判断必须纳入中国军事思想文化基因链

太空和网络的军事化运用是20世纪后半叶才开始的事情，中国传统军事文化基因链中没有对太空网络的价值判断和理论认知，太空网络的迅猛发展以及对人类社会和军事领域的深刻影响，要求中国军事思想文化基因链必须吸纳全新的基因因子。这是由太空网络的“时代性战略制高点”地位所决定的。

所谓时代性战略制高点，特指对人类社会生存发展构成全局性影响，并对其他领域有着重要制约作用的某种科学技术群。人类近现代历史上具有划时代意义的战略制高点共有五个：第一个是以航海技术为代表的科技群，它开启了人类征服海洋的历史进程；第二个是以航空技术为代表的科技群，它使人类实践活动向天空拓展；第三个是以电子技术为代表的科技群，它使人类实践活动向无形空间延伸；第四个是以核技术为代表的科技群，它使人类对物理能量的运用达到了极致；第五个是以新一代太空网络技术为代表的科技群，它使人类实践活动达到了前所未有的深度和广度。太空科技使人类有形空间趋于极致，网络技术使人类无形空间趋于极致，从而引发人类思想观念、社会结构、生活方式的根本性转变。尤其使世界政治、经济、金融、社会、文化等面临重大的非暴力安全威胁，这在前四次战略制高点形成过程中是没有的。针对太空网络的重要性，习主席指出，“特别是太空和网络攻防技术成为军事竞争新的制高点，很容易成为国家安全的

'阿喀琉斯之踵'"[①]。

随着空间军事化的快速发展，太空定位和导航、太空通信等技术在战争中的作用已经从战略层面深入到战役、甚至战斗层面。随着开发运用太空能力的增强，世界各国在太空的利益矛盾错综复杂，为了在战略上占有优势，都越来越重视对太空军事化运用。太空具有传统战争无法比拟的优势：在太空中，没有国家主权之分，它不受气候变化影响，太空装备可以飞越任何国家，不受时间和空间限制。因此太空被公认为是陆海空之后，维护国家安全、保障国家利益所必须占据的战略制高点。制天权改变了传统国家安全观和战争的制胜因素，太空军事化运用后，传统的国家领土、领空、领海安全将依附于太空安全。而对太空的控制程度将决定整个信息化战争的控制程度，取得太空绝对控制的一方往往很快就能在战争中取胜。

网络空间改变了传统国家的政治模式、经济模式、社会模式，也给国家安全带来新的、不断变化的威胁。如何维护网络空间的国家主权越来越成为世界各国竞争的新焦点，现实世界国家的格局越来越受到其网络空间地位的影响。目前，美国在网络空间上占有绝对优势。由于掌握大部分的域名根服务器，美国只需在上面屏蔽某个国家的域名，就能让其顿时消失于网络。而且美国还在通过各种方式加强其在网络空间上的优势地位。美国空军部长韦尼指出，"争夺网络空间的控制权已逐渐演变成为美军维持其军事优势的重要组成部

---

① 中国人民解放军总政治部编.《习主席国防和军队建设重要论述读本》，北京：解放军出版社，2014年8月，第13页

分”[①]。在美国的带领下，世界各国都兴起建设网络部队的浪潮，网络空间已经成为各个国家激烈争夺的国际战略制高点。正如兰德公司指出：“工业时代的‘战略战’是核战争，而信息时代的‘战略战’主要是网络战争。”[②]

2. 着眼太空网络迅猛发展应在传统的价值判断和思维方式上有探索性突破

严格地讲，太空网络的迅猛发展已经对包括军事领域在内的人类社会生活造成了全方位的影响。从文化基因角度来看，或者说从思想观念和价值判断上看，应该有必要在以下几个方面进行探索性研究和分析。

（1）有必要对“战争与和平转换规律”进行再认识

马克思主义经典作家曾揭示了“战争与和平转换规律”，指出战争与和平是实现政治目的的两种手段。政治受阻滞，和平转变为战争。消除政治障碍，战争又转为和平。通常情况下，二者之间不存在中间形态。然而，太空网络斗争使战争与和平之间出现了鲜明的中间状态。

在传统战争模式下，战争状态与和平状态截然不同，战争就是开火交战，充满血腥和暴力。而进入信息时代后，网络战这种新型攻击样式使得平战界限变得模糊。即使各国间没有正式宣战，但是平时在网络空间中还是展开各种激烈的宣传战、心理战、情报战。开战前和开战后的区别只是网络信息的对抗力度加强了，网络战手段的毁伤性随着双方矛盾

---

① 翟保振.《制网权：各国争夺的战略制高点》,《光明日报》，2009年，8月24日，第009版

② 刘权.《抢占网络空间战略制高点》,《中国电子报》，2012年4月13日，第003版

升级而逐渐递增，可选择的手段多种多样。一场战争可能由于制网络权的丧失，导致国家的信息基础设施全面崩溃，以至于没来得及进行传统的军事打击行动，战争就已经结束了。所以说，战争什么时候开始的，和平什么时候结束的，在网络战中真的难以分辨清楚，而“准战争”“亚战争”这样的中间形态似乎比战争与和平出现的频率更高。

信息化社会对战争主体的改变是，过去人们认为只有通过战争途径才能达到某种政治经济目的，而现在人们更乐于用经济、科技等手段达到其目的，不轻易使用军事武力。信息对抗除了运用在军事领域外，还广泛运用在政治、经济、文化、科技等领域。如今美国军队所使用的大部分计算机、雷达、通信器材甚至导弹等都装备着日本的半导体芯片，而美国自己也在向别国出口的武器装备中设定了“后门”，以便未来能对敌进行瘫痪战。更有甚者，一次成功的网络攻击可以造成列车出轨、整个电力系统瘫痪、整个银行系统混乱。

上述情况表明，不是和平，不是战争，也不是军事行动，直接表现为“非暴力行动产生战争效果”，这种战争与和平界限的严重模糊，是以往任何时代所不具备的，它对传统思想观念和价值判断的冲击也是以往任何时代所没有的。

（2）有必要对“战争是政治的暴力工具”论断进行再认识

美国政府明确宣布，卫星干扰、网络攻击已超出和平行为范畴，一律视为战争行动。如果这一立场在世界各国形成广泛共识，那么，战争暴力工具的基本属性将发生深刻变化。当战争外延包括非暴力因素时，其内涵必须重新审视。也就是说，战争还是不是暴力工具？战争发起方式还是不是暴力方式？战争双方还是不是全部以暴力形式对抗？

在传统的战争概念中，战争行为的一个突出标志就是暴力。克劳塞维茨指出，“战争是迫使敌人服从我们意志的一种暴力行为”[①]。然而随着人类社会从工业社会逐渐转型为信息社会，网络开始成为人们生活方式的一部分。经济、政治生活逐渐依赖于各种信息系统，诸如能源系统、通信系统、交通系统、金融系统和新闻媒介系统等都被纳入国家信息网络系统。这些信息系统在信息化战争中既成为被攻击的主要目标，也是攻击的武器。战争手段拓展为以信息技术为主的科学技术，它们本身具有低暴力性特点，网络战的主要作战目标是控制，而不是流血。颇有点像孙子提出的“不战而屈人之兵”，即不需要使用常规的军队交战，通过网络攻击就可能瘫痪一国的经济，制造某国的社会动乱，瓦解某国的战斗意志，从而实现自己的战争意图。太空战争则是以信息瘫痪战来提高战争制胜的有效性，它不需要额外增加兵力和火力，打击的主要目的是使对方武器装备失效，保护自己的信息化武器系统完整不受破坏。如果暴力行动和非暴力行动取得的效果差不多，那么低暴力和非暴力的信息化攻击将成为更多国家更好的一种选择。

（3）有必要对“局部战争”概念进行再认识

“局部战争”是典型的机械化战争时代的地理或地缘概念。通常指两种情况，一是相对世界而言，某一国家或地区发生的战争；二是相对一个国家而言，某一地域发生的战争。

---

① ［德］克劳塞维茨著，王小军译.《战争论》，西安：陕西师范大学出版社，2008年，第157页

太空网络的迅猛发展已超越了传统的地理和地缘概念。从发展趋势来看，地理上某一区域的对抗，背后是包括太空网络空间在内的多维度、全时空的激烈较量。严格地讲，以太空、网络、电磁条件为主体标志的“信息化条件”，与地理意义上的“局部战争”在概念上是冲突的。

信息化战争不再是单一军种、单一要素之间的对抗，而是作战双方体系之间、系统之间的对抗（一体化作战）。即便是冠以“局部战争”，陆地、海洋、天空、太空、网络都可能成为战场的一部分，战场边界不固定，战场空间根据作战目的需要不断拓展、加宽。例如伊拉克战争中，美国有 15 个海外基地、21 个本土基地为其进行太空作战支援，通过太空系统美国军方获得 100 % 的气象信息、80% 的通信信息、70% 的情报信息。

在信息化战争中，非接触作战使用的频率越来越高。由于不再受常规武器使用范围的局限，非接触作战可以将作战空间外拓很远。例如科索沃战争，美军战略轰炸机从美国本土出发，飞行 2 万多公里去轰炸目标。未来的信息化战争，局部战争将不再“局部”，而是对局部地域展开的全方位、一体化战争。

（4）有必要对“军民界限、战场界限”进行再认识

太空网络的快速发展，使全球尽在视野中，在太空装备的侦察、定位、引导下，精确打击范围覆盖地球任何一个角落；在网络攻防对抗中，网络延伸之处都可能是战场。传统意义上的“前线”“后方”界限不断弱化，士兵、百姓的界限日益模糊。可以说，传统那种军队在前方打仗、人民在后方支

援的模式将发生改变；传统意义上以地理为基本依据的战略方向划分也面临时代挑战。

传统战争的作战空间分布在三维空间里，可被感知，而且空间有限。网络战是在信息网络空间实施的作战，这是一个无形的空间，也是一个开放的、无边无际的空间，它不受陆、海、空、天交战空间的任何制约，也不受地理气候等自然因素的影响，所有网络能够进入的地方都是潜在的战场，没有前方后方的区别，也没有前沿纵深的区别。

在以往的战争中，战争的主体是军人，平民的作用有限。在网络战中，由于网络攻击所要求的物质基础简单，使得平民参加网络战也很便捷，而网络本身的脆弱性，又使得平民进行的网络攻击也具有相当的杀伤力。任何一个具有完备网络知识的平民，只要拥有计算机和上网的条件，在家里就可能成为网络战中的战士。网络战的作战力量不再限于军人，非政府组织甚至个人都成为作战力量拓展后的选择。正因为如此，很难判断某次的网络攻击到底是国家行为还是个人行为，也很难判断实施网络攻击的人是军人还是平民。就像阿尔文·托夫勒在《未来战争》中所说的："若战争的工具已经不是坦克和火炮，而是计算机病毒和超微机器人，那就不能说武装集团只系国家和军人所专有。"①

太空网络等高新技术群在军事领域的广泛应用，已经改变了传统战争形态、特点和规律，模糊了传统战争中原本清晰的界限。例如高技术局部战争虽然从规模、形式看是局部

---

① ［美］托夫勒.《未来的战争》，北京：中信出版社，2007年，第156页

战争，但是从战争筹划、使用的武器装备和影响上看，又具有全局性；军事领域和民用领域的界限模糊；攻防界限模糊；前方与后方、前沿与纵深的界限模糊；战略、战役、战术的界限模糊。太空网络这些新技术赋予当代战争的新特点，对传统战争模式下形成的思维方式提出了改变的要求。

工业时代所形成的机械化战争形态，军事思维一直围绕着如何赢得机械化战争展开，逐渐形成了一种思维定势和思维习惯。进入信息时代后，战争形态、战争方式、战争机理等方面都发生了革命性变革，传统战争中物质和能量的主导地位逐渐被信息系统取代，信息从作战力量辅助性要素跃升为作战力量的主要要素。军事思维的转变要正视战争领域发生的这些变革，将思维重心转到制天权和制网权，从过时的思维模式、观念、做法和体制的束缚中跳脱出来，重新确立适应信息化战争的现代思维方式。原来那种机械化军事思维定势已经成为制约人们接受新技术、新战法、新理论的桎梏，它是在完成军事思维方式转变过程中必须先摒弃的。军事思维方式转换的总体原则是从封闭走向开放，不断适应信息时代军事形态的新变化。

太空网络的迅猛发展，已经并将继续对中国军事思想文化基因提出时代性挑战。任何民族的生存和发展都必须高度重视人类文明的最新成果，并用以充实和完善本民族的文化基因链，否则，这个民族将被历史淘汰。这种不以人的意志为转移的力量，将强制性地要求中国军事文化基因链吸纳关于太空网络的价值判断和与之相关的思维方式。

综上所述，文化基因的改变往往是时代条件发生重大变化的结果，也是任何一个民族得以生存发展的必然要求。改革开放导致的中国社会转型、世界新军事革命导致的中国军事转型，“高新远边疆”战略导致的中国发展转型，三者相互交融，全方位、多层次、广角度地对中国军事思想形成了战略性影响。可以说，中国军事从理论到实践都面临千年未遇之大变局。这种内外大环境既对中国军事思想的文化基因提出了新挑战，同时也为中国军事思想文化基因的重新组合、时代变异提供了前所未有的新机遇。中国军事思想文化基因链必须随着时代的发展而不断吸纳新的基因因子，否则，中华民族将被淘汰出世界民族之林。

第六章　研究中国军事思想文化基因的概括性结论

通过前五章的分析可以看出，中国军事思想文化基因的萌芽、发育、成熟和发展经历了数千年漫长的历程。中国古代是中国军事思想文化基因基本成熟（定型）的时期，千百年封闭的小农经济社会已相当稳固，封建的中央集权制度也达到完善的程度。这种社会形态和制度形态，使中国社会呈现出一种不易触动的稳固模式，为中国军事思想文化基因得以成熟和定型提供了坚实的社会土壤和历史条件。中国近代曾对中国军事思想文化基因进行过痛定思痛的改造，也取得了一些成果，但由于当时社会历史条件的局限而没能发生重大的改变。中国共产党领导下的革命战争及军事斗争理论和实践，从真正意义上对中国军事思想文化基因进行了改造，并不断注入了新的时代内容。回顾这漫长的历史进程可以得出如下规律性、概括性的结论。

一、中国军事思想文化基因具有遗传稳固性

遗传稳固性是任何国家或民族文化基因最根本的特性，它是一个国家或民族得以生存发展的重要内在条件。中国军事思想文化基因在萌芽、形成和发展进程中，虽然遇到过变异的冲击，但其基本因子至今仍充满活力。

（一）作为文化深层结构的文化基因具有极强稳固性

任何一种文化一般都是由表层结构、次深层结构和深层结构三大部分组成。表层结构对应的大多是物质文化，它很容易受到外部因素的影响（如生产力、生产关系变化，社会环境变化等），易变、不稳定。次深层结构位于表层结构和深层结构之间，与它相对应的大多是制度文化，与表层结构比较起来，它更稳定些，变化不那么活跃。但是和深层结构比较起来，它又具有相当的可变性。文化结构中最稳定的部分就是处于深层结构的文化基因，它一旦形成，就具有超越时间限制的遗传继承性，甚至可以脱离诞生时的物质基础、

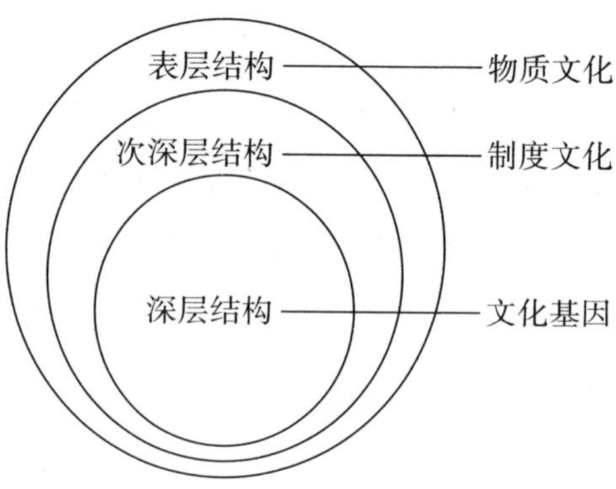

文化层次结构图

地理环境、社会制度等外在条件，自成一体。

中国军事思想文化基因比其他国家、民族文化基因更加稳固，这是因为，一方面它的文化基因诞生于以家庭为单位的小农经济中，而这种生产方式占据了中国几千年封建社会的主导地位，从未动摇过。建立在此基础之上的中国军事思想文化基因从未有过根本性的改变，通过不断的重复和自我肯定，其影响力和渗透力随时间的推移逐渐增加。另一方面，中国军事思想文化基因在形成期未受外界影响，独立发展出自己独特的风格。古代中国的半封闭地形隔绝了外界影响，西北、西南都是高山，北边是广袤无垠的沙漠，南边是一望无际的海洋，同时，中国古代没有真正意义上的外敌入侵或外域文化基因的强行介入，这样的地理环境和安全环境使得中国军事思想文化基因形成和发展巩固期更加持久，更不容易发生变化

（二）中国军事思想文化基因不易改变的典型例举

千百年来，中国军事思想文化基因中相对稳定的因子比较多。

比如，慎战价值观。“兵者，不祥之器，非君子之器，不得已而用之”，这充分体现了中国古代这种“慎战”的战略思想，它是辩证的，也是客观的。中国近代即使是外敌入侵、大敌当前的形势下，中国决策层仍是坚持“慎战”的原则，非不得已而不愿动兵。中国革命战争年代，毛泽东也是高度重视慎战的。新中国成立后，我们党同样坚持这样的原则。新中国成立后历次重大军事斗争总体上反映出“慎战”的原

则立场，具体体现在三个方面：

一是在出兵问题上的慎重。如抗美援朝出兵的决策，在酝酿几个月的基础上又经十八个昼夜的最后考虑才确定下来，其间毛泽东因为焦虑连续一个星期没有刮胡子。即使是对印军这样的弱敌，毛泽东考虑到种种复杂因素，也曾反复思考了十天十夜才最后下了决心，体现了敢战与慎战的统一。二是在作战过程中的慎重。如在第二次炮击金门作战中提出了“打而不登，断而不死”[①]的方针，为恢复中美大使级谈判创造了条件；在援越抗法、援越抗美斗争中，我国亦在支援越南军事斗争达到一定目标之后，转向以外交斗争为主。三是在作战对象上的慎重。20世纪50年代东南沿海斗争中，我曾提出“只打蒋舰，不打美舰”[②]的方针；在攻下一江山岛后放蒋军从大陈列岛撤走，等等，都是慎重选择作战对象，尽量避免与美军直接交火，以防事态扩大。当前，我周边安全形势日益复杂，海上方向争端不断，党中央中央军委也是本着慎战的原则，不轻易使用武力，这些都与中华民族传统的“慎战”思想一脉相承。

又比如，伦理道义观。中国封建社会的价值体系始终围绕着儒家伦理观这一中心不断发展、完善。儒家的“仁”和“礼”分别构成了中国文化价值体系的思想核心和行为规范，它使得中国文化成为一种以“求善”为目标的伦理本位文化。受儒家文化这种以道德为中心的价值体系的影响，中国古代

---

① 夏征难.《毛泽东兵法精要》，北京：解放军出版社，2006年1月，第123页

② 张树德.《毛泽东与共和国重大决策纪实》，武汉：湖北人民出版社，2009年9月，第112页

兵学在判断战争性质上具有强烈的道德（伦理）价值取向，不断强调“义兵”“义战”，众多的出兵理由中基本不包含形势分析、力量比较、利益判断等理性因素，完全是从“义”的角度出发的。这意味着战争这种暴力手段的使用，只有具有伦理道德的合法性，才能被中国文化和社会所接受。“仁”成为传统兵学的核心指导思想，“仁者无敌”成为增加军事力量使用的最合法因素，也是最佳的制胜之道。五四运动以后，虽然儒家文化不再是中国的主导性文化，其构建的一系列价值体系也基本崩溃，但是这种伦理本位和道德主义传统通过改头换面的形式，至今仍影响和制约着当代中国军事思想的发展。这种价值观使当代中国军事力量的发展常常处于被动反应状态，主要靠外部压力推动，当外部压力减弱时，军事力量发展的需求也会相应减弱。从中国强大后也不称霸的承诺，中国决不首先使用核武器的承诺，以及中国推行的“互信、互利、平等、合作”[①]的新安全观，都可以看到道德主义传统对当代中国军事的影响，占据道义上的制高点仍是中国军事行动的重要依据之一。

再比如，崇古唯上的经学思维。中国古代是宗法专制国家，在这种社会制度下人们特别崇尚祖先和圣王。除此外，中国长期处于农耕文明中，简单重复的农耕活动依赖于经验的不断积累，加之早熟的中华文明，使得在春秋战国时期各种思想和观念都发展趋于完善，成为难以逾越的经典。在这样的文化和社会环境下，逐渐孕育出中国人崇古唯上的价值取向。

---

① 陈宇.《中国新安全观的形成与实践》,《军事学术》，2008年第5期，第22页

正如一位台湾学者所总结的，“历史上的中国，就是以过去取向为第一序的价值优先”，“没有什么新的事物发生在现在和未来，所有的新事物，都已经诞生在遥远的过去”[①]。在这样的价值取向下，形成了中国文化的经学思维方式，主要特征是将传统和经典看作是绝对权威，对其只做阐释而不敢批判或是超越经典，提出自己的新观点和见解。这样使得中国的思维方式如同一个没有起点也没有终点的圆圈，下一代人只能够在已经固定的思维套路里行走，难以有创造性的突破，直至变为思维僵化。经学思维对中国军事思想的影响在于近代以前，它都无法摆脱《孙子兵法》的权威束缚，尽管时代和社会环境早已发生变化，但是军事理论还停留在对《孙子兵法》的阐释中，没有根据时代和军事实践的新特点提出新的观点。这种经学思维一旦形成后，可以脱离原有文化环境母体，反过来对不断演进的新文化产生影响，这就解释了为什么在传统兵学体系崩溃后，旧的军事经典权威被打破后，中国现代军事思想中仍旧能看到经学思维的身影，它改头换面为新的军事经典做代言，比如对毛泽东军事思想的教条化、刻板化遵循，乃至今天仍存在的“唯上”“唯官”等历史痕迹。

当然，中国军事思想文化基因还包括“官本位”“重定性轻定量”“后发制人”“重陆轻海”等遗传性因子。

分析表明，中国军事思想文化基因的遗传稳固性是千百年来形成的，靠一两次改革就想推翻是不可能的。尤其要改革中国军事思想文化基因中的消极因子，是需要几代人甚至

---

① 文崇一.《从价值取向谈中国国民性》，见《中国人的性格》，台湾“中央研究院”民族学研究所，1972年版，第29页

十几代人付出极为艰辛努力的。同时也应看到，外来文化基因渗入中国文化领域后，想强行促使中国文化基因发生变异也是相当困难的。例如中国改革开放以来，西方价值观念强行介入，虽产生一定的影响，但从长远看，不可能被全盘吸纳，甚至不可能造成中国文化基因的实质性变异。这是由文化基因的遗传稳固性规律所决定的，是被中国几千年文明史所证明的，也是不以人的意志为转移的。

二、中国军事思想文化基因具有民族沉淀性

民族沉淀性是一个民族区别于另一个民族的基本标志，各个国家或民族的文化基因不同，往往指的是民族沉淀性不同。

（一）文化基因具有强烈的民族个性

不同民族之间除了外在表征不同，最根本区别就是其生物基因和文化基因的不同。不同民族由于生长在不同的自然和社会环境中，其生活方式、经济基础、社会组织的不同造成他们所形成的文化基因是不同质的。文化基因的民族性通过生活在共同文化圈内的个人社会化（群体化）过程得以遗传和体现。民族认同包含了血统认同和文化基因的认同，特定群体在文化基因作用下认识自己的民族归属。

中国文化基因具有强烈的民族性，还表现为它具有同化异质文化的极强能力。生物学上有一种“米亚德现象”，它是指“两个亲本杂交以后，在它们的子代身上，往往只表现出一个亲本的性状，而另外一个亲本的性状却几乎得不到任

何体现”[1]。中国文化就具有这种强大的同化功能，擅长于“以夏变夷”，近代以前中国文化发展基本上呈现为一种占据文化中心，向周边国家和民族辐射性扩散的局面，流入的异质文化很快就被主流文化所消解和同化，成为中国文化有机组成的一部分。

（二）中国军事思想文化基因的民族特性例举

中国军事思想虽然随着时代和社会环境变化，不断地增加或删除所包含的内容，但是把它放到一个历史长时段中考察，就会发现总有些一直不变的，延续下来的体现民族特色的内容，它们是由中国军事思想文化基因的民族性决定的。

比如，农耕文明的内向性、和平性带来中国军事总体上的防御性特征。中国是以小农生产为主要生产方式的一种农耕文明，只要人与土地结合得好，就能够满足基本的温饱问题，创造出一些财富。而战争不论性质如何，总会破坏正常的农业生产，脱离土地的流民增加又进一步破坏社会秩序的稳定。所以战争对于农耕文明的中国而言无疑是灾难，从古代起中国对战争的基本认识就是“兵凶战危”。正是由于农耕文明的生存与发展是建立在和平、稳定的社会秩序上，其主导价值取向是和平、非暴力、非扩张，所以对外扩张很少成为中国军事思想的主题，“不战而屈人之兵”的制胜之道才是极力推崇的，因而中国传统军事思想带有明显的防御性特征。这一农耕民族特性一直延续下来，影响到当代中国军事和国

---

① 赵林.《中西文化分野的历史反思》，武汉：武汉大学出版社，2004年，第56页

防建设，例如中国不参加军备竞赛，不搞军事集团，不进行军事扩张，永远不称霸，以及一直奉行的积极防御军事战略都是民族特性的表现。

又比如，地理环境的特殊性造就了中国军事思想的大陆性思维。在生产力水平低下的原始社会，地理环境成为民族形成初期对其生活和生产方式有决定性影响的因素，并不断影响着这个民族的实践活动和认识活动，从而形成了该民族的民族文化。中华文明起源于长江、黄河流域，这一片陆地对内比较广阔，对外相对封闭，历朝历代的军事战略重心主要是处理北方游牧民族的侵扰，维护王朝的内部统一。这使得中国传统战争大多是陆地争夺战，尽管宋代以后中国海洋贸易逐渐发展，但是没有像西方国家那样将海外扩张视为其生存的必需品。由于王朝的军事战略中心始终未变，国家军事力量的使用始终局限于陆地，没有海上战争的实践经验积累。如此，中国军事文化传统中就不可能产生像西方一样的海洋传统。

再比如，家国同构的宗法制度催生中国军事思想“重道轻器”“重谋轻技”传统。由于氏族制血缘关系在中国解体不充分，中国形成了家国同构的宗法社会系统，它与中国小农型自然经济相适应，使得中国人认识事物和思考问题时始终将道德作为首要因素。自然科学和思辨哲学都依附于人伦，没有获得独立发展空间。从先秦诸子学说内容的四层次图（如下图），可以清楚看到自然科学知识和技术根本不包含在核心四层次内容中，说明当时轻视自然科学、技术已经是一种普遍观念。诸子学说尤其是儒家的这种观点通过“兵儒合流”

这一历史过程，对中国军事思想发生重大影响。从战国后期开始到东汉彻底完成的“兵儒合流”，使得儒家对“形而下”问题的忽视，演变为传统兵学“重道轻器”“重谋轻技”的价值偏向和思维习惯，而墨子的科技观念则由于逐渐被边缘化而退出历史舞台。

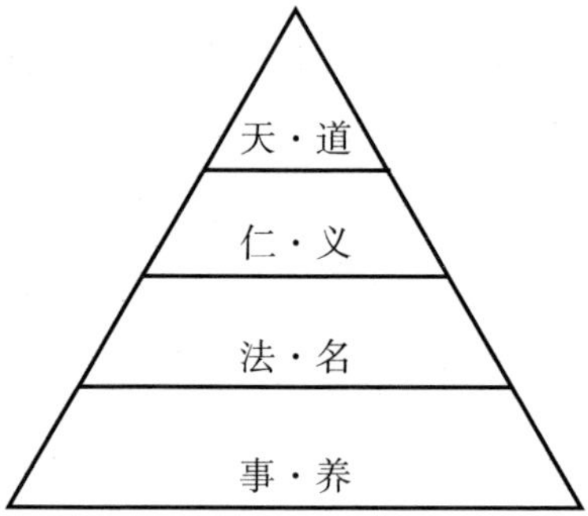

先秦学术文化层次图

通过以上几个简单举例可以看出，中国军事思想文化基因之所以能够稳固地存活下来，就是因为它们具有极强的民族性，即适应了中华民族军事思想生存发展的环境。当前，在中国全方位、多层次、大纵深地融入世界的历史条件下，在多元化文化基因激烈碰撞的过程中，必须充分认识中国的民族性。一方面，应充分认识中国军事思想文化基因民族性中不合理的因素，并努力加以改造，以适应时代的发展。另一方面，也应充分认识中国军事思想文化基因中真正的、合理的“中国特色”，既要学习美国等发达国家的先进军事思想理念，也要注意研究我军自身的传统和特色。如果我军的军事思想没有任何自己的民族特色，军队建设完全照搬美军的模式和标准，那么就完全陷入了美国等发达国家所制定的军事游戏规则，不仅被动，而且永远无法占据主导地位。言必称西方，言必称美军，行必学美军，最终必将给中国军事带来历史性灾难。未来信息化战争不是靠通用的军事思想取胜，最终还是要走出自己的特色制胜之道。

三、中国军事思想文化基因具有时代变异性

时代变异性是任何国家或民族军事思想文化基因的共同特征，这种文化基因变异条件相当复杂，通常情况下，时代条件变化必然导致文化基因作出反应性变化，否则，一个国家或民族就会因不适应新环境新条件而衰弱，严重时甚至出现亡国灭种。

（一）文化基因具有时代变异性

文化结构的三个层次构成一个整体，它既是以往文化历史性的累积，具有遗传稳定性，又在不断变化的社会、经济、文化环境影响下，发生着各种改变。对于文化结构的不同层次而言，其遗传和变异的情况也不平衡，表层和次深层结构的文化内容和生产力、生产关系的联系比较紧密，由于受遗传机制制约少，它们的变异相对比较迅速和频繁。文化基因作为文化结构中的深层次结构，具有较强的独立性，受传统制约较大，变异就比较缓慢。但是它一旦发生变化，就是文化的实质性变化，时常呈现为一种时代性的变异。（见下图）

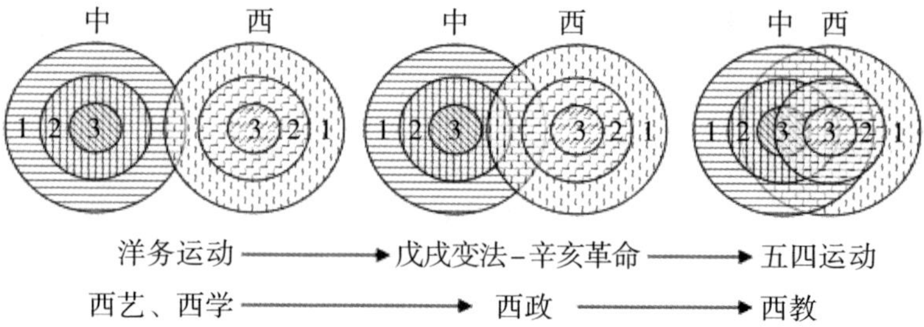

1. 物质文化
2. 制度文化
3. 文化基因

中西文化交融过程图

中国文化基因的时代性变异表现的更加明显，而且还带有被动性特征。中国传统文化属于早熟的文化，当选定伦理型、“至善”文化后，就将这种特定的文化关系扩散到政治、经济关系中，实现伦理观念政治制度化，再加上其感性、直观、单向循环的思维方式，使得中国文化具有超强的稳定性，其适应性远远超过了创造性，中国文化基因因此表现出一种惰性和固化。当文化内部无法实现自主变革时，那么外部的强力渗透就成为文化基因变异的主要原因，这一点在近现代中国表现尤为突出。近代西方工业文明的文化基因代表了新时代的基本精神，它通过军事技术的时代优势向中国文化基因提出了变异反应的要求。

（二）中国军事思想文化基因的时代性变异例举

中国军事思想文化基因形成和定型的比较早，近代以前一直处于修修补补、不断完善的过程。然而近代西方军事强力入侵，以及与之相伴的代表时代精神的工业文明的进入，彻底打破了中国军事思想文化基因得以保持稳定的封闭、自循环的大环境。从洋务运动到戊戌变法，再到辛亥革命和五四运动，文化的时代性变异从表层结构、次深层结构逐渐扩散到深层结构。在军事不断溃败的重压下，中国军事思想文化基因，从战争观、军事力量的价值判断、国防建设指导思想、到军事问题的传统思维全方位受到强烈冲击，有的适应环境的变化开始变异，有的虽然还没有真正转变，却也为以后的变异奠定了思想基础。

比如，国防观念逐渐从重道德转变为重实力。甲午战败后，传统兵学中关于“仁者无敌”、以道德统领军事问题的观念遭到严重质疑。达尔文进化论和斯宾塞斯社会进化论的引进，使得中国从唯我独尊的“天下观”中清醒过来，逐渐树立起新的国防价值观，认识到国防不仅仅是文化国防，更重要的是实力国防。这一时期国防观念的变化中，更体现时代价值的是国防实力冲破了“重道轻器”传统的限制，终于和近代科学技术密切关联起来。中国开始以国家间是相互竞争的关系认识整个世界和战争问题，而且对实力的内涵理解也从单纯的军事技术逐渐拓展到国防经济。随着战争的推进，西方列强将中国原有的藩属国一一剥夺，中国与周边国家旧有的宗藩政策被彻底打破，实力和利益越来越成为中国思考与周边乃至世界各国关系的最重要原则。在国防观念的这种时代性转变过程中，中国传统“以道德化育天下”的观念虽然顽固抵抗了很久（“中体西用”就是这种观念的一个变种形式），但还是在时代浪潮和军事实践冲击下不断被否定。

又比如，尚武精神的兴起突破“重文轻武”传统观念限制。

科举制度使儒家“重文轻武”的价值观念深入到军事思想各个方面，《武经七书》作为武举考试的教材反映出儒家文化对兵学的统领地位。“重文轻武”的军事传统使得旧式军人缺乏对自身职业的认同感，造成近代军事变革缺乏时代需要的新型军事人才。甲午战争前的半个世纪，中国军队建设上虽然有了配备西式火器的湘军、淮军，还筹建了北洋海军，但是重文轻武的传统观念没有改变，军人仍旧没有取得较高的社会地位，军人的整体素质也没有得到提高。甲午战败的巨大刺激，加之社会进化论的传播，以武力立国逐渐成为一种共识，传统对军事力量的价值判断出现转变，尚武主义得到重视和振兴，大幅提升了对军人职业的价值判断。科举制度的废除，进一步调动了广大知识分子参与军事的热情，为近代中国新式军队招募到更多的军事人才。这种对传统军事价值观念的突破，有力地推动了中国军事的近代化。

以上事例表明，顺应时代的发展，是任何文化基因链得以生存和发展的必然要求。军事思想的生命来自于自身文化基因的不断变异，这个变异过程就是生命过程。中国军事思想不能因强调文化基因的稳固性，或过于强调“中国特色”，而排斥变异。如果那样，中国军事包括军事思想将死亡。中国军事思想之所以生生不息，就是因为其基因的不断变异。中国军事思想要想保持生生不息的活力，就必须将代表着新的时代精神的价值观念纳入自己的文化基因链中。

四、中国军事思想文化基因具有主观改造性

主观改造性，是文化基因与生物基因重要的区别之一。生物基因的变异是自然选择，而文化基因的变异是人为选择，具有明确的方向性和可控制性。中国军事思想文化基因曾出现过的时代性变异，往往是人为主观改造的结果。

（一）文化基因可以被人为改造

文化基因有一个自然演进的过程，当生产力不断提高，人们对世界的认识不断拓展，认识世界的手段也不断增多时，文化基因会随之演进到一个更高的层面。例如 18 世纪自然科学研究取得了一些突破性成果，在宇宙学上诞生了康德、拉普拉斯的天体演化学说，在生物学上，法国科学家毕丰提出人与猿同源、生物有自己的演化历史、环境决定变种的理论观点，这些研究者在思维方式上已经冲破了以往机械思维的限制，不再停留于孤立分类，开始使用联系和比较方法，其思维方式不自觉地带有了辩证性。但是文化基因除了自然演进外，还可以进行人为改造。列宁曾经说过：“人的意识不仅反映客观世界，并且创造客观世界。”[①]人在改造世界过程中，总会根据自己的价值判断，消除那些不契合自己价值标准的东西，然后创造出契合自己价值标准的东西。近代以来，西方资本主义国家裹挟着工业文明，对中国等尚停留在农业文明的国家展开了各种军事和文化上的侵略。在军事重创之下，通过与西方国家比较，中国不断反省自身的不足，从军

① 《列宁全集》第55卷，北京：人民出版社，1988年版，第182页

事技术层面、政治制度层面一直蔓延到文化基因层面。但是由于封建统治者不敢动摇其统治的根基，所以对文化基因的改造流于表面，“中体西用”改造模式的尝试最终归于失败。真正主动探索文化基因改造的还是中国共产党人，他们将马克思主义价值观和方法论，这一外来的西方文化基因和中国传统文化基因进行融合，创造出“马克思主义中国化”这一新的文化基因样式。

（二）中国共产党人对中国军事思想文化基因的主动改造例举

近代中国，中国共产党并不是首先提出对中国传统文化基因进行改造的群体。五四新文化运动打破了中国传统儒家价值体系，却没有建立起新的文化价值体系，中国文化到底何去何从，在那个时代成为争论的焦点。“东西方文化论争”和“科玄大论战”都是这种争论的具体表现。马克思主义理论源自西方文化，却又立足于对西方资本主义文化的批判，正是这种批判的立场使中国共产党人选择它来指导中国反帝反封建的革命斗争。但是早期中国共产党人没有很好地将马克思主义文化基因与中国传统文化基因融合，犯了教条主义、本本主义错误，致使其领导的中国革命斗争一度受挫。直到他们从军事实践中不断总结经验，用正确的方法，利用马克思主义文化基因对中国传统文化基因实施成功改造后，才领导中国革命取得胜利。

比如，用“人民观”改造“英雄史观”和“民本观”。马克思唯物史观改写了人类社会历史观众中“英雄史观”占主导地位的局面，中国共产党人借用这一观念，并在中国传统民本思想的基础上，提出了“人民观”。在具体的军事实践中，根据“人民观”的价值导向指导，将人民对于战争胜负的价值作用提升到历史未有的高度，创造出人民战争这种符合中国国情军情的战争样式。对民本思想的改造体现在彻底打破了中国历史上对人民力量的军事运用限制，将工具本位的价值取向转变为战争主体的价值取向，调动起广大人民群众的积极性，使得中国军事力量有了数量和质量上的飞跃。在对马克思主义人民观的借用中，中国共产党人根据中国实际对其进行改造，将他们以工人阶级为主的人民军队建设模式转变为中国以农民为主体的人民军队。

比如，用阶级斗争观点改造传统战争性质的道德标准。马克思主义认为战争的性质不应该用单纯的道德标准来判断，应该从战争的阶级属性来判断战争性质。中国共产党人借用这一基本观点，对传统“仁战”“义战”强调战争的伦理道德性进行了改造，将战争是否具有进步性作为判断战争性质的标准，并认为战争是与阶级存在相生相伴的事物，突破了中国传统泛和谐、阶级调和的军事价值取向。

又比如，用马克思主义唯物辩证法改造中国传统辩证法。中国传统辩证法诞生于农耕文明的土壤，一直停留在直观、感性层面，无法看到事物发展的本质，陷入循环论的思维模式。中国共产党人借用马克思主义唯物辩证法，对中国传统辩证法的缺点进行改造。具体是通过重新诠释某些体现传统辩证法的旧命题实现的，用事物内部的“新陈代谢”取代传统的循环论，用矛盾转化原理破除“天不变，道亦不变”的旧观念。

在改造过程中，为了使其中国化、大众化，还将马克思主义的范畴、命题、规律赋予中国的语言表达形式。

再比如，用新型的海洋战略思维改造农耕民族传统思维。党的十八大提出建设海洋强国战略，对此，习主席多次做出重要指示，形成了一系列关于面向海洋、走向海洋的重大战略思想。习主席有关重要思想，完整系统地描绘出中华民族第一幅具有真正意义的“军事力量走出去”的战略蓝图，充分体现了注重陆海兼备、坚定走向海洋的全新的大战略思想，是对农耕民族战略传统的革命性突破，是中华民族历史长河中的重要里程碑和战略转折点，是党的十八大关于海洋强国战略的军事篇，对于实现中国梦、两个一百年奋斗目标具有重大的现实意义和深远的历史意义。

上述举例只是中国军事思想文化基因改造中的一小部分，它充分说明文化基因与生物基因最大的不同在于，它可以强制性地进行人为改造，这是军事文化基因得以生存发展的重要条件之一。因此，一方面，必须随着时代的发展，不断审视旧有文化基因的适应性，同时吸纳各种代表时代精神的新文化基因，从而创造性地改变文化基因链。另一方面，在改造过程中，还要严格避免对军事思想健康的文化基因进行破坏性改造。

参考文献

[1] 施渡桥.《晚清军事变革研究》[M]. 北京：军事科学出版社，2003.6

[2] 施渡桥.《中国近代军事思想史》[M]. 北京：国防大学出版社，2000.6

[3] 皮明勇.《关注与超越——中国近代军事变革论》[M]. 石家庄：河北人民出版社，1999.6

[4] 王厚卿主编.《中国军事思想论纲》[M]. 北京：国防大学出版社，2000.12

[5] 侯昂好.《中国近代军事学的兴起 1840—1949》[M]. 北京：军事科学出版社，2007.11

[6] 宫玉振，赵海军.《书剑飘逸——中国的兵家与兵学》[M]. 北京：解放军出版社，1999.1

[7] 何敏，薛学共主编.《中国近代军事思想述论》[M]. 北京：军事科学出版社，2002.12

[8] 肖冬松.《新军事变革的文化分析》[M]. 北京：国防大学出版社，2005.1

[9] 张文儒 .《中华兵学的魅力——中国兵学文化引论》[M]. 北京：北京大学出版社，2008.7

[10] 黄朴民 .《刀剑书写的永恒》[M]. 北京：国防大学出版社，2002.10

[11] 姜国柱主编 .《中国军事思想简史》[M]. 北京：新世界出版社，2006.1

[12] 姚有志 .《大国雄魂——世界大国战略文化》[M]. 北京：解放军出版社，2011.1

[13] 冯东兴 .《科技文化与外战胜败史论》[M]. 北京：军事谊文出版社，2008.11

[14] 雷海宗 .《中国的兵》[M]. 北京：中华书局，2005.7

[15] 于汝波 .《中国历代军事思想教程》[M]. 北京：军事科学出版社，2000.9

[16] 费志杰 .《中国近代尚武思潮研究》[M]. 北京：军事科学出版社，2011.6

[17] 周益峰 .《挑战与回应》[M]. 北京：解放军出版社，2005.6

[18] 宫玉振 .《中国战略文化解析》[M]. 北京: 军事科学出版社，2002

[19] 薛小荣 .《民族国家视野下中国近代国防的重构》[M]. 北京：军事科学出版社，2011.4

[20] 徐泰来 .《中国近代史记》[M]. 长沙：湖南人民出版社，1989

[21] 马宝珠 .《文化更新的尝试》[M]. 济南：山东教育出版社，1999

[22] 徐远和主编 .《东方哲学史》[M]. 北京：人民出版社，

2010.12

[23] 傅军龙.《晚清文化地图：1840至1911年的中国文化人》[M]. 北京：团结出版社，2006.1

[24] 吴信忠，张云主编.《中国近代军事思想和军队建设》[M]. 北京：军事科学出版社，1990

[25] 军事科学院编.《中国军事通史》[M]. 北京：军事科学出版社，1998

[26] 张玉田主编.《中国近代军事史》[M]. 沈阳：辽宁人民出版社，1983

[27] 倪乐雄.《战争与文化传统》[M]. 上海：上海书店出版社，2000

[28] 倪乐雄.《寻找敌人——战争文化与国际军事问题透视》[M]. 北京：经济管理出版社，2003

[29] 李泽厚.《中国古代思想史论》[M]. 合肥：安徽文艺出版社，1999

[30] 刘志光.《东方和平主义：源起、流变及走向》[M]. 长沙：湖南出版社，1992

[31] 龚书铎.《社会变革与文化趋向：中国近代文化研究》[M]. 北京：北京师范大学出版社，2005

[32] 李铁民主编.《中国军事思想概论》[M]. 北京：海军出版社，2002.9

[33] 王启凡著.《新时期以来重要文学现象及其文化基因论》[M]. 沈阳：辽宁大学出版社，2006

[34] 刘长林.《中国系统思维——文化基因探视》[M]. 北京：社会科学文献出版社，200.11

[35] 施舟人.《中国文化基因库》[M]. 北大讲演丛书，2002,8

[36] [英] 苏珊・布莱克摩尔 .《谜米机器—文化之社会传递过程的“基因学”》[M]. 长春：吉林人民出版社，2001.4

[37] [英] 理查德・道金斯 .《自私的基因》[M]. 北京：中信出版社，2012.9

[38] 任俊华, 赵清文.《孙子兵法正宗》[M]. 北京: 华夏出版社, 2007.5

[39] 兰书臣 .《固金瓯》[M]. 北京：军事科学出版社，2002.2

[40] 黄朴民 .《先秦两汉兵学文化研究》[M]. 北京：中国人民大学出版社，2010.10

[41] 李效东 .《比较军事思想——部分国家军事思想比较研究》[M]. 北京：军事科学出版社，1999.12

[42] 鲁世山 .《军事的文化精神》[M]. 合肥: 安徽人民出版社, 2010.1

[43] 陈晋 .《毛泽东的文化性格》[M]. 北京：中央民族大学出版社，2004，

[44] 姜国柱 .《道家与兵家》[M]. 北京：西苑出版社，1997

[45] 龚书铎 .《中国近代文化概论》[M]. 北京：中华书局，2002

[46] 陈挺 .《道器关系论》[M]. 国防科学技术大学研究生院，2005.4

[47] 郭伟涛，朱绍鹏 .《战争・战略・军队》[M].［博士学位论文］. 北京：军事科学出版社，2010.5

[48] 陆军大学编 .《儒家军事思想》[M].1946

[49] 郑大华 .《戊戌变法与晚清思想文化转型》[M]. 北京：社会科学文献出版社，2010.4

[50] 沈明室 .《中共军事思想的中西战略传统》[M]. 台北：

天空数位图书出版，2009.2

[51] 朱文强 .《当代中美军事理论创新比较》[M]. 沈阳：白山出版社，2010.11

[52] 宋惠昌 .《人的发现与人的解放——近代中国价值观的嬗变》[M]. 成都：四川人民出版社，2008.3

[53] 王中江 .《近代中国思维方式演变的趋势》[M]. 成都：四川人民出版社，2008.3

[54] [美] 拉尔夫・尔・鲍威尔 .《1895—1912 年中国军事力量的兴起》[M]. 陈泽宪译 . 北京：中华书局，1978.6

[55] 黄朴民 .《大一统——中国历代统一战略研究》[M]. 北京：军事科学出版社，2004.1

[56] 郭丽 .《近代日本的对外认识》 [M]. 北京：北京大学出版社，2011.12

[57] 张伊宁 .《中国现代军事思想》 [M]. 北京：国防大学出版社，2006.9

[58] 王刚 .《马克思主义中国化的起源语境研究》[M]. 北京：人民出版社，2011.11

[59] 郑文翰主编 .《军事科学概论》[M]. 北京：军事科学出版社，1994.9

[60] 魏鸿 .《宋代孙子兵学研究》[M]. 北京：军事科学出版社，2011.2

[61] 邵汉明主编 .《儒家哲学智慧》 [M]. 长春：吉林人民出版社，2005.11

[62] 时殷弘 .《从拿破仑到越南战争》[M]. 北京：团结出版社，2003.1

[63] 徐全兴 .《毛泽东与孔夫子》[M]. 北京：人民出版社，

2003.12

[64] 张岱年，成中英 .《中国思维偏向》[M]. 北京：中国社会科学出版社，1991.5

[65] 白祖诗 .《中国文明透析》[M]. 昆明：云南大学出版社，2000

[66] 冯天瑜 .《中华元典精神》[M]. 武汉：武汉大学出版社，2006.5

[67] [德] 马克斯・韦伯 .《儒教与道教》[M]. 北京：人民日报出版社，2007.6

[68] 吾淳 .《中国思维形态》[M]. 上海：人民出版社，1998.12

[69] 姜广辉 .《中国经学思想史》[M]. 北京：中国社会科学出版社，2003.9

[70] [日] 浅野祐吾，赵志民，李苑译 .《军事思想史入门》[M]. 北京：解放军出版社，1988.11

[71] 张俊波 .《中西军事哲学比较研究》[M]. 北京：军事科学出版社，1993.1

[72] 启良 .《中国文明史上》[M]. 北京：国际文化出版公司，2010.12

[73] 赵馥洁 .《中国传统哲学价值论》[M]. 西安：陕西人民出版社，1991.5

[74] 吴申元 .《中国传统文化的遗传和变异》[M]. 长沙：湖南文艺出版社，1988.4

[75] 王玉平 .《马克思主义在中国的理论嬗变》[M]. 北京：中国社会科学文献出版社，2005.12

[76] 蔡天新 .《数学与人类文明》[M]. 北京：商务印书馆，

2012.8

[77] 沈善增 .《崇德说》[M]. 上海：上海人民出版社，2012.8

[78] 刘广明 .《宗法中国》[M]. 上海：上海三联书店，1993.6

[79] 余英时 .《中国思想传统的现代诠释》[M]. 南京：江苏人民出版社，1991.4

[80] 郭凤海 .《文以铸兵——中国军事现代化的传统文化资源分析》[M]. 北京：人民出版社，2013.10

[81] 顾智明 .《中国军事伦理文化史》[M]. 北京：海潮出版社，1997.4

[82] 约翰・赫斯特，席玉苹译 .《极简欧洲史》[M]. 桂林：广西师范大学出版社，2013.3

[83] 李桂生 .《诸子文化与先秦兵家》[M]. 湖南：岳麓书社，2009.4

[84] 崔清田 .《墨家逻辑与亚里士多德逻辑比较研究》[M]. 北京：人民出版社，2004.11

[85] 于汝波 .《大思维——解读中国古典战略》[M]. 北京：军事科学出版社，2001.10

[86] [美] 塞缪尔・亨廷顿，周琪，刘绯，张立平，王圆译 .《文明的冲突与世界秩序的重建》[M]. 北京：新华出版社，2010.3

[87] 邓一非 .《军事思维变革论》[M]. 北京：解放军出版社，2012.12

[88] 闵家 .《社会文化遗传基因学说》[M]. 漓江：漓江出版社，2012.4

[89] [美] 兰比尔・沃拉 .《中国：前现代化的阵痛 1800 年至今的历史回顾》[M]. 寥七一、周裕波、靳海林译 . 沈阳：辽宁人民出版社，1989.5

[90] 钮先钟著 .《西方战略思想史》[M]. 桂林：广西师范大学出版社，2012.2

[91] 宋德宣著 .《日本文化结构演变论》[M]. 沈阳：辽宁教育出版社，1993.12

[92] 梁鹤年著 .《西方文明的文化基因》[M]. 上海：三联书店，2014.3

[93] 赵传海 .《中国社会主义路径走向的民族文化分析》[D]:［博士学位论文］. 天津师范大学，2008

[94] 吴秋林 .《原始文化基因论》[J].《贵州民族学院学报》，2008.4.

[95] 全国纪念毛泽东同志诞辰 110 周年学术研讨会组委会编 .《毛泽东与当代中国》[M]. 北京：中央文献出版社，2004 年 09 月

[96] 林荣林 .《战道、兵理与谋略》[M]. 北京：海潮出版社，1992 年 10 月

[97] 袁德金 .《毛泽东军事思想教程》[M]. 北京：军事科学出版社，2012 年 10 月

[98] 徐长安 .《中国传统文化与现代化》[M]. 北京：海潮出版社，1997 年

[99] 楚渔 .《中国人的思维批判》[M]. 北京：人民出版社，2011 年 04 月

[100] 田文军，吴根友 .《中国辩证法史》[M]. 郑州：河南人民出版社，2004 年 05 月

[101]《邓小平文选》，第 3 卷 [M]. 北京：人民出版社，1993 年

[102] 军事科学院政治部 .《坚定信仰信念强化战斗精神》第

7 辑 [M]. 北京：军事科学出版社，2009 年 05 月

[103]《江泽民文选》，第 3 卷 [M]. 北京：人民出版社，2006 年

[104] 孙科佳 .《中国特色的军事变革》[M]. 北京：长征出版社，2003 年 12 月

[105] 总政治部 .《树立和落实科学发展观理论学习读本》[M]. 北京：解放军出版社，2006 年 03 月

[106] 东鸟 .《网络战争》[M]. 北京：九州出版社，2009 年 5 月

[107]《马克思恩格斯军事文集》，第 3 卷 [M]. 北京：战士出版社，1982 年 10 月

[108][美] 阿尔文・托夫勒 .《战争与反战争》[M]. 北京：中信出版社，2007 年 3 月

[109] 杨金森 .《中国海洋战略研究文集》[M]. 北京：海洋出版社，2006 年 6 月

[110][德] 黑格尔 .《历史哲学》[M]. 王造时译 . 北京：三联书店，1956 年

[111] 中国人民解放军总政治部 .《习主席国防和军队建设重要论述读本》[M]. 北京：解放军出版社，2014 年 8 月

[112] 宋惠昌 .《近代中国价值观的嬗变》[M]. 成都：四川人民出版社，2008 年 3 月

[113] 郭丽 .《近代日本的对外认识》[M]. 北京：北京大学出版社，2011 年 12 月

[114] 李明华 .《时代演进与价值选择——中国价值观探讨》[M]. 西安：陕西人民出版社，1992 年 6 月

[115] 陈廷湘 .《中国传统天下观的断裂与现代性国家意识的形成及其变异》[J].《史学月刊》，2011 年，第 5 期

[116] 任保秋 .《近代中国传统“天下”观的崩溃与新“世界”观的构建》[J].《陕西理工学院学报 (社会科学版)》，2012 年，第 30 卷第 4 期

[117] 杜永吉 .《论中国战略文化的近代流变》[J].《军事历史研究》，2005 年，第 3 期：p146

[118] 吕晓勇 .《中国近代军事变革理论模式见疑》[J].《军事历史》，2003 年，第 5 期

[119] 马文涛 .《毛泽东人民观及当代意义研究》[D].［硕士学位论文］. 上海：上海师范大学， 2011

[120] 高宏利 .《毛泽东人民观探析》[D].［硕士学位论文］. 郑州：郑州大学， 马克思主义哲学， 2010

[121] 周树军 .《毛泽东哲学思想与中国传统哲学》[D].［硕士学位论文］. 长春：东北师范大学，2004

[122] 王鲁玉 .《马克思主义哲学中国化视域下矛盾思维方式的建构研究》[D].［硕士学位论文］. 延安：延安大学， 2009

[123] 黄延敏 .《延安时期中国共产党与传统文化》[D].［硕士学位论文］. 济南：山东师范大学，2008

[124] 董大伟 .《试论青年毛泽东历史观的转变》[D].［硕士学位论文］. 石家庄：河北师范大学， 2012

[125] 颜文强 .《孙中山与毛泽东哲学思想比较研究》[D].［硕士学位论文］. 漳州：漳州师范学院，2012

[126] 张立平 .《毛泽东的人民观》[D].［硕士学位论文］. 武汉: 武汉大学，2005

[127] 于文娟 .《毛泽东对中国传统哲学的超越》[D].［硕士学位论文］. 湘潭：湘潭大学，2007

[128] 翟保振 .《制网权: 各国争夺的战略制高点》.《光明日报》

2009 年 08 月 24 日第 009 版

[129]Colins.Gray.*Weapons dno't Make War-Policy, Strategy, and Military Technology* [M]. University Press of Kansas. 2013

[130]James C.Gaston. *Grand Strategy and the Decision Making Progress*[M]. National Defense University Press.2012

[131]Gee Chong Shih. *PRC's Strategy of 'Deterring the U.S and Defeating Taiwan-Theory and Practice* [M]. 2011

[132]Michael A.Palmer. *Origins of the Maritime Strategy*[M]. Naval Historical Center.2010

[133]Mohammed Badrulalam. *Perspectives on Nuclear Strategy of India and Pakistan* [M]. Kalpaz Publications. 2013

[134]Hew Strachan. *The Direction of War: Contemporary Strategy in Historical Perspective* [M]. Cambridge University Press. 2013

[135]B.H.Liddell Hart. *Strategy :the Indirect Approach* [M]. Pentagon Press. 2012

[136]Edward Luttwak. *the Rise of China VS the Logic of Strategy* [M]. Belknap Press. 2012

[137]Dominic J. Caraccilo. *a War Termination Strategy: Beyond Guns and Steel* [M]. Pentagon Press. 2012

[138]Liselotte Odgaard. *China and Coexistence: Beijing's National Security Strategy for the Twenty-first Century* [M]. Woodrow Wilson Center Press. 2012

[139]Francis J.Gavin. *Nuclear Statecraft: History an Strategy in America's Atomic Age* [M]. Cornell University Press. 2012

[140]Richard A.Daveni. *Strategic Capitalism: the New Economic Strategy for Winning the Capitalist Cold War* [M]. MC Graw Hill. 2012

[141]Paul Bracken. *the Second Nuclear Age: Strategy ,Danger and the New Power Politics* [M]. Martin's Griffin. 2013

[142]J.V.Singh. *China's Aerospace Strategy* [M]. KW Publishers. 2013

附录

浅析道德主义传统对当代中国国防和军队建设的影响

一个民族文化传统的主导性价值观念，往往构成其战略文化的价值观念的核心。在儒家思想所确立的以道德为中心的价值体系的影响下，中国传统战略文化一个重要的特征就是重视道义的力量，在国家战略目标和行为的选择上道德主义甚至取代现实主义成为主要的判断标准。

一、道德主义传统在中国传统战略文化中的地位及对传统军事力量发展的影响

地缘环境是影响一个国家战略文化形成的最稳定的因素之一，近代之前的中国战略文化具有鲜明的大陆传统，由于地理跨度大，有着非常充足的文明发展空间，所以历代王朝大部分的战略资源都放在了维护内部统一上。这使得中国传统战略文化的主导形态也更倾向于关注内部的稳定。

（一）道德主义传统发展成为中国传统战略文化的主流

早在夏、商、周时期，就开始用道德来解释王权更迭，“商纣暴虐”成为周推翻商的合法理由，“道德”被视为天下兴衰的本质，它在中国战略文化中的地位从此一点点强化起来。“中国历史正因为数千年来常在一个大一统的和平局面下，因此他的对外问题常没有像他对内问题那般重要。中国人的态度，常常是反身向着内看的。”[1]国学大师钱穆认为中国文化具有“内向性”“天下观”，由于中国传统战略文化也具备这种特征，所以“道德”作为中国面对内部挑战的一种反思和应对方式，不仅能够协调和整合内部的社会秩序，还能和谐统治者与被统治者之间的关系，达到长治久安的战略目标，于是它逐渐脱颖而出，成为历代统治者战略文化的首选。

从单个“道德”因素发展到道德主义传统，这一过程和孔子、孟子以来儒家思想的发展、逐步系统化是密切相连的。孔子对于道德主义传统建立的主要贡献在于确立了以“仁”为中心的价值体系，大大强化了道德的力量，认为“四海之内，皆兄弟也”。[2]孟子进一步将人性本善理论注入儒家思想，“人皆有不忍人之心”，而他的“仁人无敌于天下”将战略问题升华为道德问题，使战略行为变成道德导向的行为和道德感化的过程，从而完善了道德主义传统。秦汉以后，随着儒家思想成为中国文化的主流形态，儒家的价值观念成为中国战略文化的主流价值观念。汉代大儒董仲舒的“正其谊不谋其利，明其道不计其功”直接指出“道”就是儒家价值的目标和重心所在，宋明理学更是将“德”推到了无与伦比的高度，王阳明干脆认为“德业之外无其他事功”，伴随着儒家思想的层层扩张，道德主义传统也逐渐从一种选择成为中国战略文化的强势传统。

（二）道德主义传统挤占了现实主义传统的生存空间

道德主义传统并不是中国传统战略文化的唯一选择，在战国时期出现的法家曾经以不同的价值观挑战过对道德主义。如果说道德主义传统是以道德价值为战略出发点和目标，相信道德就是力量；那么法家所代表的现实主义传统是以冲突、暴力、强权为核心内容，主张实力就是道德。例如法家的代表人物商鞅认为“力生强，强生威，威生德”[3]，韩非子则坚持“力多则人朝，力寡则朝于人，故明君务力”[4]。从中可以看到，法家讲究的是“力”，是“霸道”，截然不同于儒家的“德”与“天下”。

应该说法家的诞生与发展，离不开它生存的时代环境，战国在中国历史上是一个列国相争的特殊时代，“国家”取代了“天下”，西方现实主义传统所强调的强者法则和实力在中国漫长的封建王朝中从未如此重要过。这一时期法家所推崇的暴力扩张型文化，在军事上甚至表现为以暴力为最高价值取向的战争文化，“民之见战也，为饿狼之见肉”[5]。法家这种从现实取向出发的品格，正是成熟的战略文化所应当具备的。

但是秦汉大一统帝国的建立，却在一定程度上恢复了中国战略文化的“天下”特征，加之“罢黜百家，独尊儒术”的强迫性政策，使得法家的生存空间被挤压到最小。由此，现实主义传统所提倡的“力”在儒家的价值观中沦落到边缘性地位，被抑制在“适可而止”上。

（三）道德主义传统对中国传统军事力量发展的影响

中国传统战略文化这种扬“德”贬“力”的态度，意味着在传统军事力量的使用上附有道德的限制，只有道德上合法的军事行动，才能被由儒家思想主导的社会普遍接受。换句话说，在战略目标制定和战略行动实施上，道德是在传统军事力量之外更有影响力的因素。即便是为了实现某个不那么正当的战略目标而运用军事力量，也必须用道德性的语言来为实施的战略行为辩护，将道德作为战略行为的合法性基础。于是，在中国传统的战略对抗中，军事力量不单单是一种暴力对抗，更是一种道德和文化合法性的对抗。

这种因为儒家重道德的价值取向而造成的战略目标选择偏向，表现在中国兵学文化中是“兵以义动”观念的凸显，众多的出兵理由中基本不包含形势分析、力量比较、利益判断等理性因素，完全是“义”的角度出发的。例如《吴子》和《尉缭子》中都特别强调 “义”的作用。这种“义兵”思想伴随着儒家思想主导地位的确定，也逐渐成为中国军事力量使用上的主要指导思想。例如宋朝何去非等人编校的《武经七书》将兵学理论主要归结为儒家的仁义道德和兵家的权谋智慧两大方面，其中儒家的仁义道德占主导地位。长期如此，带来的负面影响是，宋代以后，传统军事力量发展的需求始终得不到主流文化的正面支持，在价值上得不到肯定，它由一种本该是国家的主要战略目标，退而降为一种次要的甚至是边缘性的目标。例如几乎所有统治者的对外用兵，尤其是有扩张嫌疑的，都要受到儒生的抵制，这种“不务德而勤远略”的战略目标无一例外地遭到了正统儒家的激烈抨击。

另外，原本权谋理论是中国战略文化中最活跃的因素，但是“兵以义动”的不断强化，使中国战略文化越来越偏重于仁义之道，过分重视标榜王道、空谈仁义，兵家的权谋诡诈之术在道德价值层面上遭到批判、排斥，军事科技武器装备的发展和战法的创新也得不到关注，这样的结果是中国战略文化失去了它原有的内在活力，变成了形而上的仁义学说。

二、道德主义传统对当代中国国防和军队建设的影响

任何一种具有浓厚历史性格的战略传统，都是由表层结构、亚深层结构、深层结构三个部分组成的。其中，深层结构就像“太古时代的花岗石，埋在地下不知有多深，那是全部结构的支柱，千百年的攻击的力量无论如何猛烈，也不能把那个岩层完全去掉”[6]，它从根本上决定了一种特定的战略传统的基本性格。

中国战略文化中这种以天下情怀和道德理性为特征的深层结构，以及由此而来的和平主义追求，已经成为中华民族集体无意识的重要构成部分之一。近代以后，虽然道德主义作为一种主导性的传统已经崩溃，但它仍然以次文化传统身份参与了当代中国战略文化的塑造。道德主义传统所固有的守旧、缺乏活力和进取精神，也在很大程度制约和影响了当

代中国军事力量的发展，使儒家的道德价值取向与军事发展之间的内在紧张从一个历史主题变为当代课题。

（一）道德主义价值观造成当代中国军事变革的内在驱动力不足

价值观念能够为发起和推进新军事变革进程提供精神动力和认知工具。在军事价值观念上，西方的军事力量发展和“竞逐富强”密切相连，商业扩张的需要，为西方的军事发展提供了强大的物质动力，使得军事力量的强弱与国家的根本利益产生了直接而紧密的联系。崇尚力争的价值观又为西方军事力量的发展提供了一种心理动力，这种对战争的肯定和积极态度，使得西方国家可以毫不掩饰、不顾一切地发展军事力量。正是这种对“富强”的执着追求，使得西方战略文化表现为进取的、变革的、充满活力的，在军事变革中它具体表现为军事技术上的革新多，对这种革新的反应迅速。

相比较而言，中国儒家传统的观念是“一个真正具有良好秩序的国家不应该有一个军人阶级”“军事毕竟只能是一种‘末事’，军事力量在价值判断上只具有边缘性的地位”[7]。以道德主义传统为主导的中国战略文化更多关注内部社会秩序的稳定，不重视甚至排斥空间上的扩张，呈现出一种消极、内向、保守、安于现状的特征，表现在军事力量的建设和运用上总是畏首畏尾，寻找各种温情脉脉的令其合法化的理由，这一点在当代中国军队建设上还能看到影响的延续。另一方面，儒家传统中“重文轻武”与“重农抑商”的双重取向，使得中国在文化心理和经济基础上，都缺乏发展军事力量持续的内在驱动力。历史上中国不乏军事技术发明和进步，但都没能使中国产生一次划时代的军事变革，这里面不乏传统价值观念的阻碍因素。例如中庸之道的价值取向，容易阻碍新异思想的生长，不利于进行军事创新。安于现状、墨守成规的价值特征影响军事变革中新成果的吸收和应用，赵武灵王的胡服骑射就差点在保守势力的非议中流产。

当代中国建设信息化军队，在面对与发达国家的巨大实力差距现实时，传统价值观念又时不时动摇军心：中国进行新军事变革要要占用大量宝贵的国家资源，将影响经济建设；对军队体制编制进行改革，会影响社会稳定；淘汰许多传统武器装备，会造成大量“浪费”……[8]凡此种种，无不是以价值合理为先决条件，而忘记了当前中国生存的国际大环境仍然是以实力竞争为游戏规则的，“落后就要挨打”的道理依然没有过时。这种价值观上的偏废使当代中国军事力量的发展常常处于被动反应状态，主要靠外部压力推动，当外部压力减弱时，军事力量发展的需求也会相应减弱。

（二）道德主义战争观使“慎战”思想扭曲为“不战”乃至“忘战”观念

儒家思想主导地位的确立，使中国战略文化形成了非暴力、非扩张、和平主义的特征。兵凶战危的“慎战”思想成为中国传统战略文化对战争的基本认识，《论语·述而》中提到“子之所慎：齐（通“斋”），战，疾”[9]，意思是孔子把战争之事看得和斋戒祭祀、瘟疫一样，慎之又慎，不掉以轻心。中国古代兵家孙子讲到“慎战”时，是将其和“利”

联系在一起的，“主不可以怒而兴师，将不可以愠而致战，合于利而动，不合于利而止。”[10]但是随着道德主义传统对传统兵家的逐渐渗透，《孙子》的“慎战”思想在对“利”的阐释上开始被曲解，由“重利”的功利主义演变为“重义”的道德主义。主动的“以利动”变为被动的“不得已而用之”，用兵的目的不是“趋利”，而是“避害”“救乱”。“义”直接取代了“利”成为是否发动战争的先决条件，“利”只是战争进程中所需关注的目标。[11]

同时儒家思想对《孙子》的“不战而屈人之兵”也进行了扭曲和误读。原本《孙子》这一“全胜”思想中“不战”是手段，服务于“争”“利”“屈人之兵”的目的，但是在道德主义传统的阐释下，论述的重心发生了偏移，对“不战”的关注超过了“屈人之兵”，完全失去了“不战而屈人之兵”思想所蕴涵的积极主动的精神实质。[12]

这种由“慎战”思想扭曲而来的“不战”乃至“忘战”观念在“和平与发展”时代背景的掩护下，对当代中国国防和军队建设产生了不小的负面影响。例如对和平时期建军指导思想“军队要忍耐”曾经一度有错误的认识和实践，“忍耐”被误读为无限度的和无原则的，甚至不惜忽视和牺牲国防建设。在对“全面服从服务于国家经济建设大局”歪曲的认识下，中国军队建设付出了相当沉重的代价。从 20 世纪 80 年代中期开始，军队兴办各类以盈利为目的的经营性企业，军队经营性生产的摊子越来越大，局面越来越难控制，最终演变为一场“全军性大经商”，前后持续了 15 年，引发许多负面问题。从总部机关到部队团以下单位，层层都搞经营性生产，占用兵员过多。生产收益难以集中调剂使用，影响了军队内部团结。与民争利，引发军民纠纷，损害军队形象。拜金主义、享乐主义等不良倾向滋生，影响部队纯洁性。[13] 这一时期军队建设方向性迷失，基本上呈现为“忘战”状态，许多装备得不到应有的补充和维修，在军事设施、科研、教育训练等方面欠账很多，军队的保障能力降低，大大影响了部队战斗力的提高。

另一种对“慎战”的误读表现为偏离军队的核心任务。生于和平年代总是让人容易忘记打仗是军队的主业，打赢是军队生存的法则。当代中国军队在经济建设时期担负起越来越多的非战争军事行动和任务，随着 20 世纪 90 年代初美军提出“非战争军事行动”这一概念后，我军也围绕这一概念掀起一阵研究高潮，一时间中国军队建设重心似乎成了非战争军事行动，大大弱化和淡化了核心军事能力建设。然而历史反复证明，能否始终坚持以打赢战争作为军队建设的核心目标，决定着一支军队生存和发展的根本命运，关系着一个国家或民族的生死存亡。[14] 不管时代如何发展，打赢作为军队建设的根本职能不会改变。

（三）道德判断取代现实分析影响当代中国国防和军队建设的战略选择

儒家思想的道德主义传统，使得儒家长期从道德的幻觉而非客观现实的角度来认知与理解现实世界。从战略认知层面来看，当道德的判断完全取代了现实的分析的时候，儒家的道德主义就可能发展为蒙昧主义。这一点在近代中国面对西方入侵时，儒生们的“主和”与“主战”的交锋中体现得尤为明显。

晚清正统的士大夫用“忠”“奸”的划分来理解“战”与“和”的决策，主战者则为“忠”，主和者则为“奸”，以至于做出任何战略决策，都必须首先承受道德的拷问。[15]这使得道德判断介入了战略领域，战略问题被泛道德化，由此极大地限制了战略选择的余地。

这种道德主义先行的思维模式延续下来，在某种程度上对当代中国军队建设发展的战略方向有某些消极影响。新世纪新阶段我国面临着越来越复杂的地缘安全环境，在我国周边，世界四大军火市场之一的东南亚与我国在南海问题上有争议，周边 7 个国家或地区拥有核武器或核生产能力，使我国实际处于潜在的“核武器圈”包围中。“中国威胁论”的大行其道使得本来就不稳定的周边局势变得更加紧张。在这样严峻的现实战略环境下，竟然有观点竭力主张中国的军事力量不能赶超美国，也不能赶超俄罗斯，甚至有一种奇怪的思维是“中国越不强大就越安全，中国越强大就越麻烦”。于是在关于中国军队发展方向的战略选择上，出现了不少以道德主义思维先行的现象，例如一些人不支持发展航空母舰，害怕刺激美国和其他一些国家，总是打着和平主义的外衣掩盖其道德主义思维的落后，却忘记正视现实情况是美国的航母在中国周边海域从南到北地威慑中国，海洋安全已经成为中国当前最突出的安全问题。美国学者罗伯特·卡普兰指出：“中国海军在‘第一岛链’上看到的只有麻烦。……处处都是潜在的冲突爆发点。”[16]

这些将道德主义传统思维凌驾于现实分析之上的观念还包括对海军建立海外军事基地的质疑，认为中国军队是一支防御性质的军队，不需要海外扩张，中国曾承诺不在海外派驻一兵一卒，不在境外建立海、空军事基地，因此建立海外军事基地有悖于“和平崛起”的形象，不利于和周边国家保持友好关系。但现实情况是发展远洋海军，需要海外基地。目前中国在海外还没有一处可供海军使用的军用港口，这使得中国的舰船无法远离本国大陆的港口和码头，一旦海上航行时发生冲突或战事将无所依托。同时，中国海军走向远洋是国家利益拓展的需要，在海外建不建基地，主要是看建基地干什么用，如果抛开道德主义思维的束缚，建设海外军事基地的现实意义和现实利益对于海军发展乃至整个中国军队的建设都有重大的突破。进一步而言，关于“谁是明天的敌人”的判断将在很大程度上影响我们明天拥有的力量性质和类型。

参考文献

[1] 钱穆 .《中国文化史导论》修订本 [M]. 北京：商务印书馆，1991，第 14 页

[2]《论语 · 颜渊》[M]. 北京：中华书局，2006，第 110 页 .

[3]《商君书 · 靳令第十三》[M]. 北京：蓝天出版社，1999，第 30 页

[4]《韩非子 · 显学》[M]. 北京：中国文史出版社，2003，

第 353 页

[5]《商君书 · 画策第十八》[M]. 北京：蓝天出版社，1999，第 37 页

[6]丹纳《艺术哲学》中译本[M]. 北京: 人民文学出版社,1986，第 351 页

[7] 宫玉振 .《中国战略文化解析》[M]. 北京：军事科学出版社，2002，第 120 页

[8] 张明仓 .《军事价值论》[M]. 昆明：云南人民出版社，2004，第 49 页

[9]《论语 · 述而》[M]. 北京：中华书局，2006，第 58 页

[10]《孙子兵法》[M]. 北京：商务印书馆，2009，第 135 页

[11] 魏鸿 .《宋代孙子兵学研究》[M]. 北京：军事科学出版社，2011，第 147 页

[12] 魏鸿 .《宋代孙子兵学研究》[M]. 北京：军事科学出版社，2011，第 149 页

[13] 朱成虎 .《新中国成立以来国防和军队建设理论与实践》[M]. 北京：时事出版社，2012，第 130 页 .

[14] 沈根华 .《论信息时代的核心军事能力》[M]. 北京：中国军事科学，2011，第 44 页

[15] 宫玉振 .《中国战略文化解析》[M]. 北京：军事科学出版社，2002，第 182 页

[16] 刘明福，《中国需要一支“大海军”(下)》[J]. 兵器知识，2011（1）：16

（原载于《国防大学学报》2012 年 10 月）

对构建我军联合文化的文化学思考

德国著名的历史思想家和哲学家奥斯瓦尔德·斯宾格勒指出："战争的精华，却不是在胜利，而是在于文化命运的展开。"翻开漫长的人类战争发展史，我们发现，文化是与战争和军事变革相生相伴的孪生兄弟。历次军事变革的历史表明，每一次军事变革和转型都要以文化为依托，在轰轰烈烈的军事变革与转型大潮下涌动着文化的深度驱动。

早在20世纪中叶，曾担任美军盟军司令的史森豪威尔就说过："一支军队必须讲联合，没有联合就不要上战场。"随着信息化军事变革的发展，21世纪的战争舞台上演绎着的将是联合作战的战争样式。联合作战也将成为我军未来的主要作战样式，然而，联合作战基本样式的构建首先离不开我军联合文化的熏陶和培养。构建联合文化既是现代联合作战样式的必然呼唤，也是我军先进军事文化发展的必然途径。作为军事文化的一种亚形态文化，联合文化的构建要遵循和体现文化建设一般规律和我军文化建设的客观规律，从文化学的角度思考联合文化的建设，为我军联合文化建设提供有力理论支撑是建设我军联合文化的必要途径。

构建联合文化是文化的整体性特征的客观要求。英国文化人类学家泰勒曾把文化归纳为整个生活方式的综合，他指出，“文化，或文明，就其广泛的民族学意义来说，是包括全部的知识、信仰、道德、风俗以及作为社会成员的人所掌握和接受的任何其他的才能和习惯的复合体。”[①]整体性是文化的根本特征，从文化实践史和思想史看，人们之所以提出近现代意义上的文化概念，就是为了解决孤立地从艺术、道德、宗教、哲学等方面认识社会而引起的弊端，以文化为总摄，把这些精神要素、精神领域、精神过程统一起来，从整体把握认清和把握社会的精神内容、特征和风貌，为正确认识和处理物质、制度、精神因素的关系、制定社会总体发展战略提供基础。所谓联合文化，是指“军队遂行联合作战任务所需要的有关联合作战的知识、联合致胜的理念和联合的思维方式。”它是随着联合作战而发展的一种隶属于军事文化的亚文化。文化的整体性特征为构建联合文化提供了可能，构建联合文化是文化的整体性特征的必然要求。文化是一定社会精神成果的总和，包括科学知识、思想观念、文学艺术、伦理道德、哲学社会理论等内容及其表现形式，文化所具有的广泛性内容为联合作战知识的培养提供了丰富的养料。联合作战是战争史上最为复杂的战争形态，单一的作战理论和狭窄的战争知识已经无法胜任信息化技术条件下的联合战争，现代战争的展开和胜利离不开军事联合文化的指导和伴随，

① 爱德华·泰勒:《原始文化》，广西师范大学出版社，2005年版，第1页。

具体来说，就是众多相互关联的学科知识的有力支撑、全体参战官兵联合作战价值理念的确立以及自觉的联合思维能力的塑造。而文化所具有的无所不包的整体性为这种联合文化的培养和塑造提供了坚实的基础和肥沃的土壤，联合文化这种先进军事文化的发展壮大生动体现文化的根本特征、符合人类文化发展客观规律。

构建联合文化是培养我军联合作战人才的前提条件。毛泽东同志指出："一定的文化（当作观念形态的文化）是一定社会的政治和经济的反映，又给予伟大影响和作用于一定社会的政治和经济。"文化影响着一个社会、国家、民族的发展，一个国家的军事文化也深深影响着一支军队军事变革的脚步。在信息化条件下，培养我军联合作战人才，必须首先要培育与联合作战相适应的先进军事文化，即联合文化。美军曾明确指出："军事革命的前10年至15年，主要是进行联合文化的塑造""没有共同的联合文化，意味着武装部队成员没有找到共同的价值观"。在实践中，美军非常重视军队联合文化的培育，注重塑造官兵联合作战的理念和知识，从而保证了美军从海湾战争到伊拉克战争等历次军事行动的成功。从美军联合文化的发展经历来看，联合文化发展壮大对于联合作战人才的培养有着点石成金的作用。我军联合作战人才的培养同样要牢牢地建立在联合文化的深厚底蕴之上，联合文化必须贯穿于联合作战人才培养的全过程之中，渗透于联合作战人才培养的各个方面，影响着联合作战人才的思维模式、价值观念、联合知识和行为习惯，是联合作战人才培养的催化剂和倍增器，从根本上决定着我军联合作战人才的培养质量。

构建联合文化是大力发展先进军事文化的重要内容。文化的力量深深熔铸于一个民族的生命力中、凝聚力和创造力中，也熔铸在一支军队的战斗力之中。大力发展先进军事文化是我军贯彻落实十七届六中全会精神和胡主席在 2011 年 12 月军委扩大会议上的指示的重要举措，是推动社会主义文化大发展大繁荣的重要方面，对于促进部队建设科学发展、有效履行使命具有极其重要的意义。

联合文化从属于军事文化，是军事文化的重要组成部分。联合文化最先产生于美军的军事实践活动之中，对美军信息化联合战争的推进作出了巨大的贡献，起到了重要的推动和保障作用。在当前信息化条件下大力发展我军先进军事文化，必须要紧贴时代要求创新发展，积极借鉴外军文化建设优秀成果，努力建设与当前联合战争样式相适应的军事联合文化。首先要弘扬“联合致胜”的价值理念。价值观是文化的核心，人类学家瑞菲尔德认为，价值取向制约着人类实践的一切选择、愿望，以及行为的目标和方式。建设军事联合文化最根本的就是要打破长期形成的“军种特殊论”和“大陆军”的思想，在广大官兵中形成重视联合、鼓励联合、促进联合的氛围与环境，本质上突出一种高度自觉的“联合致胜”价值理念。其次要培育系统的联合知识体系。联合知识揭示了联合作战规律，为联合作战能力建设提供智力支撑，是军事联合文化繁荣发展的重要标志。具体来说，培育联合知识就是要通过发展联合职业教育使广大官兵学习和掌握各军兵种核心作战能力的知识，各种指挥要素协调运用的知识，各种作战样式灵活使用的知识，各种作战力量协调一致的知识。再次要塑造官兵联合思维能力。人的思维方式决定着人的实践效果，不同的思维方式提供着不同的认识程式，形而上学的思维方式只会把军事活动看成孤立的、静止的和片面的过程，往往导致军事行动的失败。联合思维能力本质上是一种辩证思维能力，强调的是“横向一体”的思维，主张发挥各军兵种优长，协调运用各种作战力量，强化群体意识，实行整体作战。具体来说，就是要从宏观的角度全面充分地考虑制约军事活动成败的各个部门和诸多要素，将这些因素纳入系统的作战指挥体系之中，最大程度地保证各种要素在军事行动中充分发挥效能，从而保证军事行动的胜利完成。最后要建立完善的联合法规制度。联合法规制度是联合文化的重要体现，也是保证联合作战顺利进行的重要基础。军事行动具有纪律性强，目的性精确的特点，联合作战更是需要精确打击、精确协同和精确指挥，没有统一的法规制度强力约束，联合作战就容易陷入无序状态。因此我军在培育官兵联合致胜的价值理念、联合知识体系和联合思维能力的同时，也应当建立和完善与联合作战相关的法规制度和条令条例。

（原载于《解放军报》2012.6.28，联合作者陈辉吾）

“巧实力”战略如何影响美军建设

“巧实力”战略作为奥巴马政府所推行的新外交战略，其提出的背景却是美国受军事单边主义所累，陷入伊拉克和阿富汗两场战争中不能自拔，在金融危机的助力下，美国实力呈现全方位下滑迹象，连美国人自己都惊呼“美国衰落论”。从2004年苏珊妮在《外交》杂志上首次提出“巧实力”概念，到2006年“巧实力委员会”的成立，再到2009年希拉里在国务卿提名听证会上用13次重复字眼捧热“巧实力”战略，这一新国家战略自此完成由民间到国家权力核心的整合过程。本文试图探析这一源自美军军事失败反省的战略，在登入国家政策殿堂的过程中以及之后，是如何反过来影响美国军队建设的，有哪些是“巧实力”战略作为一种理念在实践层面可以触及到，并可以发生改变作用的，又有哪些是让它“力不从心”的？本文分析的视角将从微观和宏观两个侧面同时提取，以美军技术层面上的局部改动和军事战略上的调整为分析主体，浅析“巧实力”是如何在这两个方面实现影响覆盖的。

一、两场“打不赢”的战争让美军决心抛弃“蠢实力”，采用“巧实力”

“9·11”之后美国奉行军事单边主义，进行了两场以“硬实力”说话的反恐战争，效果却不尽如人意。从2003年到2007年，美军阵亡人数不断攀升，伊拉克自杀式袭击的蔓延，随之相伴的美军虐俘丑闻，战争的发展越来越超出美国国民的心理承受程度。此时，“巧实力”战略还只是作为一种学术探讨理念，停留在民间、智囊团层面，但是可以看到的是2006年巧实力委员会中已经有了一些军事力量的存在：在参议院外交关系委员会听证会上，美国津尼陆战队上将（退役）和史密斯海军上将（退役）发表题为《巧实力：建设一个更美好、更安全的世界》的讲话，呼吁下届美国总统抓住时机，果断行动，维持美国在全球的领导地位。

虽然“巧实力”战略还未全面渗入美国军队建设的调整与改革当中，但是从美国精神的核心之一“实用主义”的观点不难预见，此战略在美军建设上的推行将是无法回避的。因为“实用主义”基本观点之一就是：强调“效用”是判断价值和真理的标准。当越来越糟糕的战争实践不断宣判军事单边主义的无效，那么这一“蠢实力”的寿命也离死亡不远了。所谓“蠢实力”，主要是指美国在军事上所奉行一种非敌即友的观点，它使得美军崇尚武力，无休止宣战，这种滥用军事资源的行为，产生了美军道德权威沦丧这样的副产品，削弱了美军软实力。不管当初美国对伊拉克军事行动的干脆利落曾在世人心中引发怎样的钦佩之情，粗暴和无视正义战争原则——占领行动的无效和阿布格里卜监狱的虐囚画面，都使其在伊拉克的军事行动最后丧失了合法性。

“打赢了战争，却又输了战争”的这种矛盾境地，使许多美军将领重新认识和思考军事力量的使用问题。“不能光靠动武，还要学会妥协；不能光靠炸弹，还要使用糖果；不能光靠联军，还要依赖自治政府” 逐渐成为一种共识。美军内部对自己军事力量的认识开始由过高估计转向平实、务实，从小布什政府时期的“同时打赢两场大规模地区战争”的部队规划指标，转变为“平衡”应对混合威胁的新部队规划指标，并强调“更加谨慎地动用军队”。

二、在技术操作层面上，美军“巧实力”战略的实践四处开花

2009 年随着奥巴马政府上台，其对动用军事力量的态度和标准——认为“正处于战争中的美国，将更加积极地投身到‘一个新的和平时代’中去，这就必须重新调整战争手段在美国全球政策中的比重，以及巧实力在反恐战争策略中的比重”。正是在对两场战争的反省中，美军首先在军队建设局部调整上，对“巧实力”战略进行了初步的实践，从不伤及要害的枝节着手，在技术可操作范围内作适当的调整。

1. 美军人事任命上的变化：“新派”美军司令的上台

2009 年新上任的驻伊美军最高指挥官戴维·彼得雷乌斯，和新任命的美军驻欧总司令和北约最高军事指挥官斯塔夫里迪斯，都是在职业生涯中用漂亮的业绩书写美军“巧实力”

的干将。

斯塔夫里迪斯，拥有国际关系专业博士学位，原南方司令部司令，负责美军在拉美军事行动，任职期间，加强了美军与其他国家民间机构的合作。特点是善于执行人道主义任务，以及拥有娴熟的外交技巧。早在2004年，斯塔夫里迪斯作为拉姆斯菲尔德的高级军事助理时，就开始对美军的两场反恐战争进行深刻的反思，并在美军内部提出了以“巧实力”为核心，综合利用“软实力”和“硬实力”实现以柔克刚的战争“新思维”。到了2008年，他对这一“新思维”作进一步阐释，认为它“将会引导我们摆脱单纯的战争文化，而向着兼顾战争与和平的文化方向发展，从输出人和物向输出思想的方向发展。生活毕竟是弹性极强的可变电阻，而不是非此即彼的开关。所以我认为这并不是简单意义上的软实力和硬实力，而是介于两者之间，一种被称之为‘巧实力’的能力。”

彼得雷乌斯，与斯塔夫里迪斯的学历相似，拥有普林斯顿大学国际关系硕士学位和博士学位，被称为“伊拉克拯救者”，曾就“巧实力”对美军官的素质要求发表过经典言论：“今天的军官应该‘无所不能’。这就是说，他必须了解冲突的方方面面，知道背景和可以做出哪些反应，因为在对付抵抗者时，战斗经验对他们的帮助不是很大，重要的是综合运用攻守和稳定局面的技巧。而这或许意味着打井、赠送足球、谈话与喝茶。”在运用“巧实力”管理驻伊美军上，彼得雷乌斯也有独特之处，例如他对驻伊美军过于强调武力的战术进行了调整，让军队把眼光超越军事领域，将工作重点转向帮助伊拉克政府进行关键的政治改革、完善政府职能，并帮助难民回国、恢复基础服务和促进经济发展等方面。

2. 加派驻司令部的外交顾问

2009 年美国国务院将派驻各司令部的外交顾问增加了一倍，体现了国防部长盖茨关于协调外交和军事资源，让巧实力在解决冲突中发挥重要作用的观点。

3. 军队与军队之间的合作和训练项目

军事力量同样也可以提供软实力行为。军队与军队之间的合作和训练项目能够建立跨国关系网，提升一个国家的软实力。美国军队在 2005 年印度洋海啸和南亚地震后提供人道主义救援时的杰出表现帮助恢复了美国的吸引力；美军在日本地震和海啸后发挥的作用也产生类似的效果。

4. 加强军事部门和非军事部门之间的合作

“巧实力”的支持者认为，此战略最大的价值是将军事和非军事部门团结在一起，实现共同的目标。斯塔夫里迪斯被任命为北约最高军事指挥官，其中主要一点考虑就是认为他可以利用自己的经验加强五角大楼与国务院、美国国际开发总署的联系，将这些经常冲突的部门团结到一起。

三、在军事战略调整上，以“务实均衡”取代“先发制人”

伴随着国家对外战略由单边主义向“巧实力”调整，美国的军事战略逐渐由“先发制人”调整为“务实均衡”战略（盖茨任国防部长后提出的）。在具体手法上主要体现为“求均衡”、

“重实效”。

1. 在战争手段上，重视“军事”与“政治”手段运用的均衡。

对此，美国防部长盖茨这样解释“我们永远不应该忽视战争中的心理、文化、政治和人性层面”，并引用威廉·谢尔曼上将的话“每个把战争变得轻而易举和安全的想法都将以屈辱和灾难而告终”进一步阐释了单纯依赖硬实力的恶果。他指出美军在赢得战争的方式上要注重“软硬兼施”，特别是在对外用兵上要“量力而行”。参联会主席马伦也提出“互动性”应是美军武装力量使用基本原则之一，其主要含义就是强调军事手段与政治、外交的互动。

“巧实力”战略的普及使美国更加重视军事行动的合法性，体现在政府层面，就是奥巴马政府上台以来，更加致力于重新构建联合国对美国的信任。2009 年 9 月 23 日，奥巴马在联合国大会上发言时，特别强调美国将“重新采取与联合国接触的政策，开启国际合作的新篇章”。

美军在战争实践层面上运用“巧实力”之“均衡”原理的典型例子就是：非洲司令部的成立。它旨在将更多的发展援助结合到军事行动中去，是对“巧实力”（主要内容是使用更多的外交手段和人道主义援助方式来解决原来单纯依靠军事手段的问题）的具体实践。

2. “反恐”军事行动，由直接对抗发展为对话和多边接触

约瑟夫·奈用三维棋局来比喻当今世界的力量格局，最上面的棋盘是各国的军事实力，他认为美国在这方面是唯一的超级大国。中间的棋盘是各国的经济关系，在这方面世界是多级的。最底层的棋盘是政府控制之外的跨国问题，这些

领域的力量分配是混乱的，没人可以掌控。所以，美国能够影响，但不能控制世界其他地方，在应对各种新威胁的手段中，军事实力只占一小部分。这种新威胁使各国政府和国际机构之间必须展开合作。

对此，参联会主席迈尔·马伦针对美军军事行动进行了强调："世界进入持续接触（而不仅仅是持续冲突）时代，美国军事战略的关键就是接触和对话。"这就意味着美军开始由布什政府时期的单边主义军事行动（它损害了美国的国际形象）转变为多边主义国际协调路线。用美军高级将领自己的话来说，就是不再当"世界宪兵"，不想让美国为世界上所有的事情负责。

美国国防部长盖茨更是在2008年的《国家防务战略报告》中明确指出美军军事行动向"多边接触""多样性"的转化，"如果可能，美国将采用间接战略，主要通过增加友邦政府及其保安部队的能力，从而防止矛盾进一步激化为需要进行直接军事干预的危机。直接军事干预不仅劳民伤财，而且颇具争议"。

3. 对待军事盟友的态度：从"孤立"到倾听与合作——军事联盟的加强

巧实力既强调强大军事力量的必要性，同时也极大地关注联盟、伙伴关系和各个层次的机制，目的就是扩大美国的影响力和建立美国行为的合法性。

希拉里说："现有安全威胁无法在孤立状态下予以应对。巧实力既要求美国向朋友、也向对手伸出手，以便加强原有联盟，形成新联盟"。希拉里"建立一个拥有更多伙伴且树敌更少的世界。”一些军队有识人士也认为如果美军对自己的行为方式和其他国家想法麻木不仁，就会削弱它在软实力方面的努力。

在这样的认识下，美军的对外军事行动由“一方为主”向“多方协作”转变，积极推行“联盟战略”。这主要是指为了避免美军“单打独斗”，有效降低军事行动的风险，美国加强与盟国的协作。就此，美国2010年《四年防务评估报告》中特别提出要加强与盟国和伙伴国的关系，“希望与盟友和伙伴一起行动”，综合运用“软”“硬”两种策略，塑造有利于美的全球防务态势。具体措施是扩大和深化与传统盟友、新兴大国等各种合作关系；根据不同地区特点采取不同的军事部署态势，“量体裁衣”，以更有效的预防和慑止各种危机。比如通过军事援助、人道主义救援等方式，增强美军在非洲和拉丁美洲等地区的军事影响力。

盖茨在阐述美军“均衡战略”时还指出提高盟友能力的重要性：“在这类行动中，美国盟友及伙伴的能力同美国自身拥有的能力一样重要。增强他们的能力毫无疑问同美国自己出兵打仗一样重要。”这充分表明美国承认虽然五角大楼拥有最强大的军事力量，但是仍然需要其他国家的帮助，才能完成各种对外军事任务。

美国在最近一场利比亚战争将此“巧实力”——联盟战略发挥得淋漓尽致。它一改此前几次战争中每次都冲锋在前，出钱出人出枪的做法，任由法英等欧洲国家担任先锋。

四、美军整合软实力和硬实力所面临的障碍

1. 预算经费上的“难以”变化

“软”“硬”实力预算分配不平衡。美国花在军队身上的钱比他花在广播和交流活动上的钱多出 500 倍。尽管奥巴马和国会批准对巴基斯坦的非军事援助增加三倍，但是从公布的预算削减方案来看，削减重点还是占预算 12% 的非军事可支配开支上，而不是军费等大头。扩大驻外事务局规模所需的经费还不到一架 C-17 运输机的价格，然而当前的预算模式却没有评估其中得失的好办法。国务院和外交工作预算被削减了 85 亿美元，有可能严重削减了美国积极影响境外事态的能力。

2. 机构传统制度和惯性阻碍军事部门与非军事部门的联合

烟囱式的机构文化阻碍了军事部门和非军事部门的联合行动，尽管有“巧实力”的美好理念，但是面临的现实情况仍是军事人员执行硬实力任务，非军方人员执行软实力任务，各说各话，各干各的活。

另一方面，美国外交政策部门和人员各自为营，缺少制定和资助一项巧实力战略所需要的部门间的协调工作。许多软实力或吸引力的官方手段——公开外交、广播、交流项目、发展援助、救灾、军队间接触——分散在政府各部门，甚至没有一项试图整合它们的整体战略或预算。

3. 长期效果和短期效果的掣肘导致资金的难以取舍

虽然美国军方也承认：光靠硬实力无法保证美国长期目标的实现，在硬实力上投入更多资金不一定会给美国带来额

外的安全保障。但是交流和援助项目所产生的回报通常是用几十年而不是几个星期或几个月来衡量的，也很难证明它们对重大挑战的短期影响。因此，这种长期效果与短期效果一交锋，常常败下阵来，从而导致外交和对外援助经常缺乏资金，受到忽视。

（原载于《空军军事学术》2012 年第四期）

军人之眼（后记）

之所以用《理性的胜利》这个书名，是源于长久以来的渴望和期盼。我们的军队，乃至我们的民族，最为稀缺也最为紧缺的，是理性，是胜利，是理性的胜利。

中国近现代化的过程，命运多舛，一直伴随着“钟摆式”的革命和改良，排浪般的思潮冲刷着尚未完全启蒙的民众——只是觉得有必要改变现实，却始终不自信需要怎么样的现实。尽管有谭嗣同、梁启超这样的先驱志士，但“赤子心”多被政客利用，结局往往走向反面。于是纵观历史，一次次难能可贵的思想文化启蒙，就这样演变成一场场“运动式”的政治注脚。

这本书看似关注军事思想，实则直指民族文化。民族文化可以多元、综合、包容，军事思想某种程度上说，也可以多元、综合、包容，但衡量军事思想先进与否的标准，却是唯一的、根本的、纯粹的，那就是战争——要么胜利，要么失败。因此，军事思想该是所有思想体系中最坚硬、最活跃，也是最务实的。研究一个国家的军事思想，就能触摸到这个国家意识形态背后的文化基因。

胜利者，是不受质疑的。政治家们可以这样说，对于一名职业军人，对此却要提高警惕。胜利不代表“尽善尽美”，失败并不是“一无是处”，辩证法的基本原理往往被“千变万化”的伪装着，尤其在信息主导、体系聚能、联合制胜的现代战场，职业军人需要的胜战“慧眼”就在这里炼就。

从军事上说，打仗是简单而直接的，结果是冰冷而清晰的，实力强者胜、弱者败，即使四两拨千斤的以少胜多，也可以从军事技战术上加以解释。所谓“四两拨千斤”，放大那个“拨”的局部，也一定是在能量上、或速度上、或数量上、或持久力上的以强胜弱。也就是说，这个世界不存在以“绝对的少胜绝对的多”，也不存在“以绝对的弱胜绝对的强”。

我们的问题是，以“不战而胜”为最高追求的中国传统兵学思想，长期被“重道轻术”“重谋轻技”的观念统治，过分强调“道义至上”“仁义至上”，致使军事技术得不到应有的发展和应用，进而带来官兵科技素养、理性思维和现代意识的普遍匮乏。众所周知，战略转型最根本的是人的能力素质的转型，最长远和根本的是文化的转型。然而，没有国家和国民的现代化，又何来国防和军人的现代化？所以，现代化这条路，我军任重道远。

军队只有打仗和准备打仗两种状态。当我们有些人还沉浸在把“不战而胜”作为智慧“标签”怡然自得时，我们的对手却天天在世界另一边的战火中锤炼着真功夫。军人，就该是一把刀，要么不动声色，要么出手见血。“不战”一词不应该出现在军人的词汇中，“善战”“胜战”才应该是军人时时刻刻的思考。

对于军人，没有哪里不可以成为战场。进入21世纪，世界平了，战争和非战争界限模糊了，高边疆、新边疆、远边疆的威胁突显了，作为军人之眼，此时看到的不仅仅是“全球一体化”“命运共同体”带来的“和谐繁荣”和“长期稳定”，而应该明察秋毫背后关乎国家安危的瞬息万变，更要看清“一带一路”“军民融合”“军队改革”等一系列重大战略举措为我们提供的“弯道超车”的强军机遇。

我们说，军人的最大荣誉是胜利，不是牺牲。军人最大的浪漫，是用和平时期血与火的持久痛苦，去迎接战争来临那一天的瞬间绽放。前日，一位朋友对我说：没有战争，军人将成为一群“被诅咒的人”，无法静心去看娱乐节目，无法安心去超市排队，甚至无法全心去谈一场恋爱；兴奋起来像个孩童，失落起来像个老人。我有共鸣，却不知如何作答，于是向他推荐了电影《比利·林恩漫长的中场休息》。

这本书没写完，因为当下摧枯拉朽的军队改革，正是一场军事文化基因的再造和重组，身处历史转折当口，对过往经验的梳理总结只能是抛砖引玉的“上篇文章”；如何壮士断腕、浴火重生，在时代重构中完成自我重塑，做一个历史中大写的“人”，这该是我们这一代军人用行动书写的“下篇文章”。

2017年3月 于北京